Wolf Burbat:
Die Harmonik des Jazz

Deutscher
Taschenbuch
Verlag

Bärenreiter
Verlag

April 1988
Gemeinschaftliche Ausgabe:
Deutscher Taschenbuch Verlag GmbH & Co. KG,
München, und
Bärenreiter-Verlag Karl Vötterle GmbH & Co. KG,
Kassel · Basel · London · New York

Umschlaggestaltung: Celestino Piatti
Noten: Günter Thiele, Neustadt
Gesamtherstellung: C. H. Beck'sche Buchdruckerei,
Nördlingen
Printed in Germany · ISBN 3-423-04472-1 (dtv)
ISBN 3-7618-0855-0 (Bärenreiter)

Inhalt

Vorwort

Dieses Buch wendet sich in erster Linie an Musikerinnen und Musiker, die die Harmonik des Jazz kennenlernen wollen, um in dieser Musik zu improvisieren, zu arrangieren oder zu komponieren. Doch mag es auch interessant sein für diejenigen, die sich z.B. als Lehrer, »klassische« Musiker oder Musiktheoretiker mit dieser erstaunlich reichen und differenzierten Tonsprache vertraut machen möchten.

Ich habe versucht, meine eigenen Erfahrungen, die ich in etwa fünfundzwanzig Jahren mit der Jazzmusik gemacht habe, so zu formulieren, daß ich beiden Ansprüchen gerecht werde. Das Buch besteht nicht nur aus einer Fülle von isolierten Fakten, Tips und »Tricks«, sondern versucht, das Thema theoretisch so zu durchdringen, daß man bei entsprechend sorgfältiger Lektüre die Harmonik des Jazz bis zu einem gewissen Grade »verstehen« kann. Allerdings ist das theoretische Interesse kein Selbstzweck, sondern steht im Dienste des Musikmachens. So finden sich im Text, insbesondere in den Übungsaufgaben, zahlreiche Hinweise auf Anwendungsmöglichkeiten. Eine Fülle von Beispielen ist in einfachem, aber stilechtem Klaviersatz geschrieben; hiermit bekommt jeder, auch der Nichtpianist oder Jazzanfänger, sofort auch einen klanglichen Zugang zur Jazzharmonik.

Um dem Ziel des Verstehens näherzukommen, baue ich die Beschreibung der Klangsprache des Jazz schrittweise auf: Am Anfang steht das streng diatonische System in Dur mit seinen entsprechenden Skalen und Akkorden und ihren in diesem Rahmen gegebenen Erweiterungsmöglichkeiten. Dieser relativ enge Tonbereich wird nach und nach ausgebaut durch Hinzunahme von Bluesakkorden, Zwischendominanten, Klängen aus den verwandten Mollbereichen und durch Alteration von Akkorden. Neben diesem »evolutiven« Aufbau der Jazzharmonik lege ich besonderen Wert auf die Untersuchung des Zusammenhangs von Akkorden, auf Akkordverbindungen also. Als Werkzeug dient uns hier in einem Großteil des Buches die Funktionstheorie nach Riemann/Maler, die bislang nur auf klassische Musik angewendet wurde, sich aber auch in weiten Teilen der Jazzharmonik als geeignetes Hilfsmittel zur Analyse komplexer Akkordverbindungen bewährt. Ich benutze die Funktionstheorie allerdings undogmatisch als Werkzeug nur für die Harmonik, die sich mit ihrer Hilfe besser verstehen läßt; in manchen Fällen gibt es geeignetere Instrumente.

Nach dem systematischen Teil, in den zahlreiche Beispiele (mit Hinweisen auf Schallplatteneinspielungen) eingearbeitet sind, folgt ein Kapitel mit harmonischen Analysen kompletter Jazzthemen. Der stilistische

Rahmen ist weit gesteckt; er reicht vom Blues und Swing über Bebop und modalen Jazz bis zu neueren Spielweisen des Jazzrock und des New Bop. Auch wenn das Buch historische Verweise enthält sowie praktische Tips zur Spielpraxis, will es weder eine musikgeschichtliche Abhandlung über den Jazz noch einen methodisch aufbereiteten Improvisationslehrgang ersetzen. Da Üben nicht gleichbedeutend sein muß mit Drill, sind viele Aufgaben bewußt offen formuliert und appellieren an die Phantasie des Lesers/der Leserin.

Spezielle Vorkenntnisse sind zum Verständnis dieses Buches nicht notwendig. Lediglich mit den Grundbegriffen der elementaren Musiklehre (Kenntnis der Dur- und Molltonleitern, Quintenzirkel u. ä.) sollte man vertraut sein. Sie lassen sich z. B. gut nachlesen in der ›Jazz & Pop Musiklehre‹ von Sigi Busch.

Den größten Gewinn zieht man aus der Lektüre dieses Buches, wenn man es als Arbeitswerkzeug benutzt. Außerdem werden ein Tasteninstrument oder eine Gitarre gebraucht, sowie Notenpapier und Bleistift und vor allem: Ohren. Durch Lesen allein kommt man nicht weiter.

In den Jahren der Beschäftigung mit diesem Thema war in Zweifelsfällen nie mein Verstand (oder: der Glaube an das System) die letzte Instanz, sondern immer mein Ohr. Der Verstand versuchte nur, zu systematisieren, was das Ohr längst wußte. Ich möchte keine verbindlichen Richtlinien aufstellen, welche Skala »man« am besten zu welchem Akkord spielt; vielmehr geht es mir darum, den Auswahlprozeß und verschiedene Alternativen bewußt zu machen. Wenn das Buch der Leserin/dem Leser bei der Bewußtwerdung des eigenen inneren Ohres hilft, hat es seinen Zweck erfüllt.

An dieser Stelle bedanke ich mich bei allen, die das Entstehen dieses Buches möglich gemacht haben. Besonders erwähnen möchte ich hier meinen Freund Christian Möllers, mit dem ich in der Schulzeit die ersten Jazzerfahrungen gesammelt habe, Dave Liebman, bei dem ich in New York (und anderswo) lernen durfte, alle meine Schülerinnen und Schüler, die mich durch ihre Fragen dazu gebracht haben, Fragen der Jazzharmonik immer wieder neu zu durchdenken, alle Musikerfreunde, die mir beim gemeinsamen Spiel ständig zu der Erfahrung verhalfen, daß Musik aus mehr besteht als aus harmonischen Regeln, sowie nicht zuletzt meine Mutter, die das Manuskript geschrieben hat.

I. Improvisation über Akkordfolgen

Die Improvisation, also die spontane Erfindung von Musik, ist eines der wichtigsten Merkmale des Jazz. Dabei ist die Improvisation über Akkordfolgen, das *Spiel über changes* (deutsch »Wechsel«, hier: »Akkordwechsel«), auch heute noch die am weitesten verbreitete Improvisationstechnik des Jazz und gleichzeitig diejenige, die vom improvisierenden Musiker die gründlichsten harmonischen Kenntnisse verlangt.

Zugrunde liegt dem Spiel über changes ein *Thema*, das meist aus einer (eventuell mit Text versehenen) Melodie und begleitenden Akkorden besteht. Jazzmusiker notieren gewöhnlich alle für die Aufführung eines Stückes notwendigen Angaben auf *lead sheets*, auf denen außer der Melodie und den in einer Kurzschrift mitgeteilten Akkorden auch noch Einleitungen und Schlüsse, zweite Stimmen, kurze Hinweise für die Rhythmusgruppe (breaks, kicks u. ä.) stehen können (s. Beispiele in Kap. XI). Eine ganze Sammlung solcher lead sheets nennt man *fake book* (deutsch »falsches Buch«: damit wird auf die Tatsache angespielt, daß fake books oft Raubdrucke sind, für die keine Tantiemen an Texter, Komponisten und Verleger gezahlt werden; das zur Zeit am weitesten verbreitete fake book heißt ironischerweise ›Real Book‹).

Die von Jazzmusikern zur Improvisation verwendeten Themen sind nicht immer für diesen Zweck geschrieben worden. Vor allem in den frühen Jazzstilen stammten sie oft aus dem Bereich der populären Musik, des Schlagers und des Musicals (*standards*). Aber auch schon früh hat der Jazz in Musikern wie z. B. Jelly Roll Morton oder vor allem Duke Ellington eigenständige Komponisten gehabt. Seit dem Entstehen des *Bebop* in den vierziger Jahren sind die Jazzmusiker verstärkt dazu übergegangen, sich ihre Themen selbst zu schreiben. Als Basis für ihre oft verzwickten, ganz im Gegensatz zu seichten Broadway-Weisen stehenden Melodien haben sie allerdings oft das harmonische Gerüst von standards verwendet. Im Laufe der Entwicklung des Jazz sind die Jazzkomponisten auch auf harmonischem Gebiet selbständig geworden, und heute sind die meisten bedeutenden Jazzmusiker nicht nur Interpreten, sondern auch Komponisten.

Wie läuft nun ein Jazzstück, in dem akkordgebunden improvisiert wird, im einzelnen ab? Hören wir uns z. B. das Stück ›Joy Spring‹ von Clifford Brown auf der Platte ›Clifford Brown and Max Roach‹ (Mercury 6336 322) an, so können wir den folgenden Aufbau feststellen:

8 Takte	Einleitung: Klavier, Baß, Schlagzeug
32 Takte	Thema
32 Takte	Tenorsaxophonsolo

2 × 32 Takte	Trompetensolo	
32 Takte	Klaviersolo	
32 Takte	fours:	Trompete, Schlagzeug
		Tenorsaxophon, Schlagzeug
		Trompete, Schlagzeug
		Tenorsaxophon, Schlagzeug
32 Takte	Schlagzeugsolo	
8 Takte	Einleitung: Klavier, Baß, Schlagzeug	
35 Takte	Thema mit verlängertem Schluß	

Wer die genannte Platte nicht hat, wird bei anderen Jazzstücken einen ähnlichen Ablauf finden, da der formale Aufbau im Jazz bis in die sechziger Jahre hinein sehr schematisch ist.

Nach der Einleitung, die motivisches Material aus dem Thema benutzt und harmonisch auf den Anfangsakkord des Themas hinführt, wird dieses von den Bläsern unisono gespielt. Es besteht aus vier achttaktigen Teilen und hat die Form AA'BA (im A'-Teil wird der A-Teil um einen halben Ton höher wiederholt). Ein kompletter AA'BA-Ablauf heißt *chorus* oder Strophe. Die aus Klavier, Baß und Schlagzeug bestehende Rhythmusgruppe begleitet die Bläser beim Thema. Bis auf einzelne Stellen, bei denen sie den Themenrhythmus mitphrasieren (*kicks*), tun dies die Musiker bereits improvisatorisch. Der Schlagzeuger lockert den auf dem Becken und der Hi-Hat gespielten Grundrhythmus durch Akzente auf den Trommeln auf; der Pianist spielt die zum Thema gehörenden Akkorde, deren Lage und Rhythmisierung er improvisiert; der Bassist spielt *walking bass*, d.h. eine in Viertelnoten fortschreitende Linie, die die Akkorde des Themas darstellt. Im vorletzten Takt des Themas macht die Rhythmusgruppe einen *break*, d.h. eine Pause, die der erste Solist als Auftakt seines improvisierten Solos nimmt.

Während der Soli spielt die Rhythmusgruppe immer neue Realisierungen des gleichen, zum Thema gehörenden Harmonieschemas. Man könnte also die Themenmelodie die ganze Zeit über (im Geiste) mitsingen. Das wird natürlich nicht gemacht (obwohl manche Musiker beim Improvisieren immer die Themenmelodie im Kopf haben); statt dessen werden (mehr oder weniger) spontan neue, zu dem Harmonieschema passende Melodien erfunden und sogleich gespielt. Diese Improvisationen müssen also keinen Bezug zur Themenmelodie haben, sondern lediglich zu seinen Harmonien.

Nach dem Klaviersolo spielen die beiden Bläser und der Schlagzeuger *fours*, d.h. jeweils einer der Bläser wechselt sich in viertaktigen (daher der Name!) Improvisationen mit dem Schlagzeuger ab. Auch hierbei – ja, sogar im anschließenden Schlagzeugsolo – läuft die Form des Stückes weiter, auch wenn während der Schlagzeugbeiträge Piano und Baß pausieren. Nach dem Schlagzeugsolo werden noch einmal vom ganzen Ensemble die Einleitung und das Thema gespielt, diesmal mit einem verlängerten Schluß.

Aus der Betrachtung von ›Joy Spring‹ ergibt sich unmittelbar die zentrale Frage der Jazz-Harmonielehre: Wie kann man Melodien bilden, die zu einem vorgegebenen Harmonieschema passen? Diese Fragestellung existiert für die Harmonielehre der klassischen Musik nur am Rande, etwa bei der Komposition von Variationen. Mehr Nachdruck wird hier gelegt auf die Harmonisierung von gegebenen Melodien und die Realisierung einer gegebenen Harmoniefolge (Generalbaß) nach bestimmten Regeln sowie Analyse von häufig vorkommenden Harmonieverbindungen. Diese Themen sind natürlich auch für den Jazzmusiker als Komponist oder Arrangeur interessant, aber als Improvisator interessiert er sich in erster Linie für die Frage, wie das zu gegebenen Akkordfolgen passende melodische Tonmaterial zu organisieren ist. Es gibt hierauf eine leichte Antwort: Man verwende einfach die akkordeigenen Töne und bilde aus ihnen Melodien. In der Tat war diese Methode in den frühen Jazzstilen weit verbreitet, und noch ein Musiker wie Charlie Parker hat viel Gebrauch von gebrochenen Akkorden gemacht. Natürlich sind auch akkordfremde Töne als Durchgangs-, Vorhalts- oder Nebennoten verwendet worden, aber deren genaue Auswahl haben die damaligen Musiker eher intuitiv vorgenommen.

Betrachten wir zur Verdeutlichung des Problems das folgende Beispiel. An einer Stelle eines Stückes wird der Akkord D^{-7}* gespielt:

Hier einige (längst nicht alle) Möglichkeiten, die akkordeigenen Töne leiterartig miteinander zu verbinden:

* Zur Akkordbezeichnung vgl. Anhang, S. 172.

Nach welchen Kriterien können wir die Auswahl treffen? Seit den fünfziger Jahren beschäftigen sich Jazzmusiker mit den verschiedensten Skalen und untersuchen deren Verhältnis zu den Akkorden. George Russell war mit seinem ›Lydian Chromatic Concept of Tonal Organization‹ der theoretische Pionier dieser Bewegung; von Musikern wie Miles Davis, John Coltrane und Bill Evans ist bekannt, daß sie sich intensiv mit Fragen der Akkord-Skalen-Theorie beschäftigt haben.

Ich möchte mich in diesem Buch neben dem Studium von Akkorden und Skalen besonders mit Akkordverbindungen beschäftigen und versuchen, mit Hilfe der Funktionstheorie die wichtigsten solcher Verbindungen auf einfache Bausteine zurückzuführen. Ich hoffe, auf diese Weise dem Begriff des Zusammenhanges von Akkorden näherzukommen, der zur bewußten Wahl von Skalen zu Akkorden hilfreich sein kann.

II. Die *Durskala* und ihre Modi: Pentatonische Leitern

Wie schon in der Einleitung dargelegt, vergegenwärtigen sich heutzutage die meisten Jazzmusiker das zur Improvisation zur Verfügung stehende Tonmaterial in der Form von Skalen.

Wir gehen aus von der C-dur-Skala

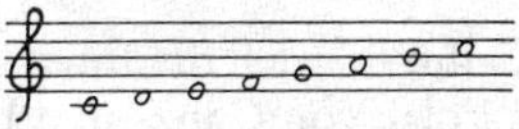

und betrachten die Leitern, die aus den Tönen dieser Skala entstehen, indem wir sie auf deren einzelnen Stufen beginnen lassen:

C - ionisch

D - dorisch

E - phrygisch

F - lydisch

G - mixolydisch

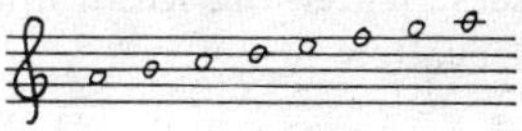

A - äolisch

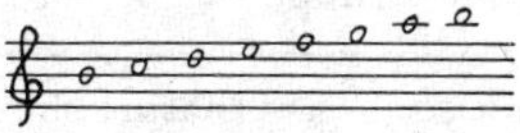

B - lokrisch*

Diese Leitern sind – teilweise unter anderen Namen – aus dem alten Griechenland und aus dem europäischen Mittelalter als *Kirchentonarten* oder *Modi* bekannt und finden so oder in ähnlicher Form auch in außereuropäischen Musikkulturen Verwendung.

Jeder Modus läßt sich von jedem Ton der *chromatischen* Tonleiter aus bilden: C-äolisch, $F^{\#}$-lokrisch, $B^{\flat}$-äolisch usw. Wollen wir z.B. $B^{\flat}$-dorisch bilden, können wir dies auf verschiedene Art und Weise tun:

* Zur anglo-amerikanischen Bezeichnung der Tonnamen vgl. Anhang, S. 172.

1. Wir führen $B^\flat$-dorisch auf die verwandte Durtonart zurück: da der dorische Modus auf der II. Stufe beginnt, ist die I. eine große Sekunde tiefer, also $A^\flat$. $B^\flat$-dorisch hat damit die gleichen Vorzeichen wie $A^\flat$-dur, nämlich $4^\flat$. Die Skala sieht also so aus:

2. Wir betrachten im C-dur-Modell die Intervallstruktur des dorischen Modus und ermitteln als Folge von Ganz- und Halbtonschritten:

1 ½ 1 1 1 ½ 1

Wenden wir diese auf den Anfangston $B^\flat$ an, so erhalten wir die Leiter:

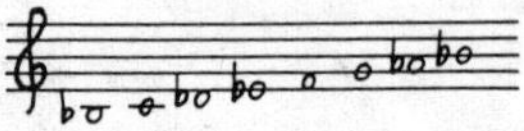

3. Wir teilen die sieben Modi in zwei Klassen ein, in die Dur-Gruppe und in die Moll-Gruppe, je nachdem, ob die III. Stufe groß oder klein ist, und unterscheiden die Modi innerhalb der Gruppen durch charakteristische Intervalle:

Dur-Gruppe		Moll-Gruppe	
ionisch	(= Dur)	*äolisch*	(= [natürliches] Moll)
lydisch	(= Dur mit übermäßiger Quarte)	*dorisch*	(= Moll mit großer Sexte)
		phrygisch	(= Moll mit kleiner Sekunde)
mixolydisch	(= Dur mit kleiner Septe)	*lokrisch**	(= Moll mit kleiner Sekunde und verminderter Quinte)

* Der lokrische Modus paßt nur bedingt in die Moll-Gruppe, da seine Stufen I, III und V keinen Molldreiklang, sondern einen verminderten Dreiklang bilden. Er tritt daher als selbständiger Modus äußerst selten auf.

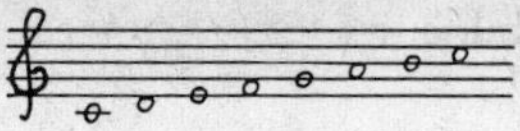

C - ionisch

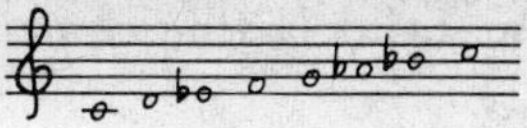

C - äolisch

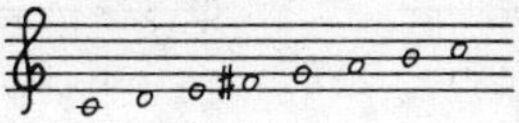

C - lydisch

C - dorisch

C - phrygisch

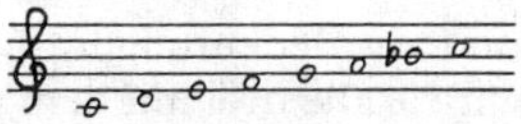

C - mixolydisch

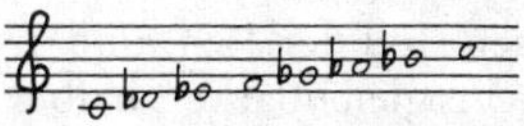

C - lokrisch

Wollen wir nun B♭-dorisch mit Hilfe dieser Tabelle bilden, gehen wir von der natürlichen B♭-moll-Leiter aus (5♭), erhöhen die VI. Stufe G♭ zu G und erhalten:

Natürlich führen alle drei Methoden zum gleichen Ziel. Aber sie unterstreichen unterschiedliche Aspekte der Modi: die erste Methode unterstreicht die Verwandtschaft zur dazugehörigen Durtonart, die zweite die Eigenständigkeit des Modus (allerdings auf einer rechnerischen Basis), die dritte die klangliche Nähe und Unterschiedlichkeit bezüglich der uns bekannten Dur- und Moll-Leitern.

Pentatonische Tonleitern sind in allen Musikkulturen der Welt zu finden. So nimmt es nicht wunder, daß sie auch an der Wiege des Jazz Pate gestanden haben – wie im Blues und Spiritual. Dann traten sie etwas in den Hintergrund. Seitdem John Coltrane Anfang der sechziger Jahre, beeinflußt durch außereuropäische Musik, pentatonische Skalen in den Jazz wiedereingeführt hat, sind sie aus dem Spiel vieler heutiger Musiker nicht mehr wegzudenken.

Unter C-dur-Pentatonik verstehen wir die folgende halbtonlose Leiter:

Von dieser Leiter lassen sich fünf Modi bilden:

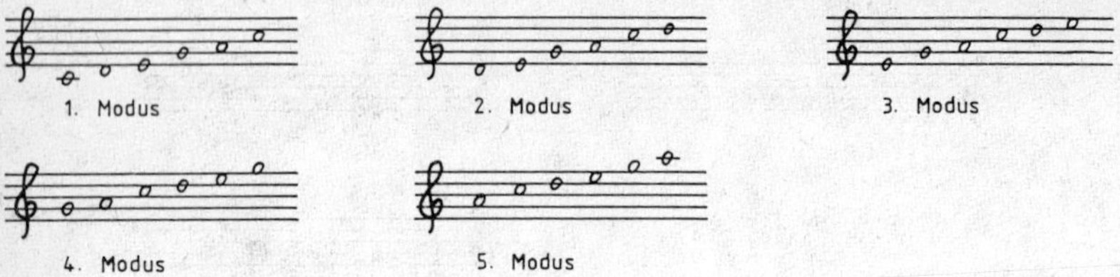

Von diesen sind der 1., 4. und 5. von besonderer Bedeutung im Jazz. Der besseren Vergleichbarkeit halber führen wir sie alle drei mit dem gleichen Anfangston C auf:

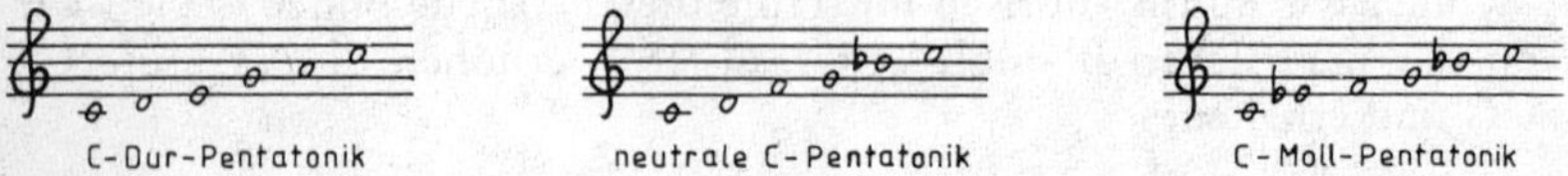

Die neutrale Pentatonik heißt so, weil sie in Ermangelung einer Terz neutral bleibt zwischen Dur und Moll.

Übungen

1. Wähle einen beliebigen Ton der chromatischen Tonleiter. Schreibe nach den drei angegebenen Methoden alle sieben Modi von diesem Anfangston aus auf. Bilde auch die drei pentatonischen Modi von diesem Ton aus.
2. Singe von einem beliebigen Ton aus alle sieben Modi der Durtonleiter und die drei Pentatonik-Modi. Orientiere dich dabei am Intervallaufbau der Leitern.
3. Bilde eine kleine Hörgruppe (2–3 Teilnehmer/innen), in der ihr euch gegenseitig Modi vorspielt und versucht, sie zu hören und zu bestimmen. Benutzt die Gruppeneinteilung in Dur- und Moll-Modi als Hörhilfe.
4. Übe alle Modi auf deinem Instrument. Lerne sie als eigenständige Gebilde, nicht nur als Abkömmlinge der verwandten Durtonart (s. Ableitungsmethode, S. 14f.). Wähle einen Modus und spiele ihn hin-

tereinander in allen Tonarten (z. B. C-dorisch, F-dorisch, B♭-dorisch ... oder C-lydisch, B-lydisch, B♭-lydisch ... usw.) oder wähle einen Ton und spiele alle Modi von diesem Ton aus (z. B. E-ionisch, E-lokrisch, E-äolisch usw.).

5. Wähle einen Anfangston und eine Kirchentonart oder einen pentatonischen Modus. Nachdem du dich technisch mit der Leiter vertraut gemacht hast, läßt du den Grundton als Pedalton (Orgelpunkt) klingen (auf dem Klavier mit der linken Hand oder dem Synthesizer, Cassette ..., am besten: von Mitspieler[in] spielen lassen) und improvisiere mit der Leiter. Fühle dich in die Ausdrucksqualität des Modus ein.

6. Lasse einen Pedalton klingen und improvisiere mit mehreren von diesem Ton beginnenden Leitern. Versuche, interessante Reihenfolgen zu finden.

7. Schreibe für dein Instrument in jedem Modus ein kurzes einstimmiges Stück, in dem Eigenarten dieser Leiter besonders deutlich werden.

III. Leitereigene Akkorde in Dur

Während wir uns im letzten Kapitel mit der Frage beschäftigt haben, welche horizontalen Skalenstrukturen sich auf den Stufen der Durtonleiter bilden lassen, untersuchen wir nun die vertikalen Akkordstrukturen auf diesen Stufen. Wir beginnen mit den leitereigenen Dreiklängen:

Auf den Stufen I, IV und V stehen Durdreiklänge, auf den Stufen II, III, VI Molldreiklänge und auf der Stufe VII ein verminderter Dreiklang. Die Dreiklänge auf den Stufen I, IV und V haben in der europäischen Musik (und damit auch im Jazz, dessen Harmonik weitgehend aus der abendländischen Kunstmusik herkommt) eine besondere Bedeutung erlangt. Denn

- sie sind die einzigen leitereigenen Durdreiklänge;
- die Grundtöne der Akkorde auf der IV. bzw. V. Stufe liegen jeweils eine Quinte unter- oder oberhalb des Grundtons der Tonart:

Dies ist insofern von Bedeutung, als die Quinte in der Obertonreihe das – nach der Oktav – einfachste Intervall ist;

- jeder Ton der Durtonleiter kommt in mindestens einem dieser drei Akkorde vor:

Damit läßt sich im Prinzip jede aus Tönen der Durskala gebildete Melodie allein mit diesen drei Akkorden begleiten. Sie werden als *Tonika* (T), *Subdominante* (S) und *Dominante* (D) bezeichnet:

* Zur Akkordbezeichnung vgl. Anhang, S. 172.

In der auf den Musikwissenschaftler Hugo Riemann (1849–1919) zurückgehenden *Funktionstheorie* wird gezeigt, daß sich ein nicht unerheblicher Teil der tonalen Harmonik der europäischen Musik des 18. und 19. Jahrhunderts mit Hilfe dieser Grundbegriffe analysieren läßt. Dies gilt auch für einen großen Teil der Jazzharmonik, wie in diesem Buch gezeigt wird.

Die verbleibenden vier leitereigenen Akkorde (*Nebenfunktionen*) werden wie folgt auf die Hauptfunktionen T, S und D zurückgeführt:

1. Der Dreiklang auf der II. Stufe hat zwei Töne mit der Subdominante gemeinsam und wird als *Subdominantparallele* (Sp) bezeichnet:

2. Der Dreiklang auf der III. Stufe hat je zwei Töne mit der Tonika und der Dominante gemeinsam. Je nachdem, welche Funktion er im Zusammenhang vertritt, wird er *Tonikagegenklang* (Tg) oder (seltener) *Dominantparallele* (Dp) genannt:

3. Der Dreiklang auf der VI. Stufe hat je zwei Töne mit der Tonika und der Subdominante gemeinsam. Je nachdem, welche Funktion er im Zusammenhang vertritt, heißt er *Tonikaparallele* (Tp) oder (seltener) *Subdominantgegenklang* (Sg):

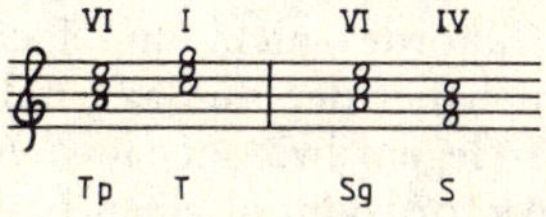

4. Der Dreiklang auf der VII. Stufe hat zwei Töne mit der Dominante gemeinsam und ist ganz in dem Dominantseptakkord enthalten und wird

deshalb als *verkürzter* (= grundtonloser) *Dominantseptakkord* ($\not D^7$) bezeichnet:

Wir können also zusammenfassend sagen, daß der Akkord auf der VII. Stufe als verkürzter Dominantseptakkord aufgefaßt wird, während die Molldreiklänge auf der II., III. und VI. Stufe als Terzverwandte entsprechender Hauptfunktionen interpretiert werden. Sie werden dabei als Parallelen oder Gegenklänge bezeichnet, je nachdem, ob ihr Grundton eine kleine oder eine große Terz von dem Grundton der entsprechenden Hauptfunktion entfernt ist.

Während – anders als in der Klassik – Dreiklänge im Jazz nur sehr selten auftreten, bilden Vier- und vor allem Fünfklänge die Regel, auch sechs- und gelegentlich sogar siebenstimmige Akkorde (also als Akkord geschichtete Skalen) kommen vor. Vierklänge (im allgemeinen Septakkorde) bilden im Jazz die Basisklänge, die den Akkordtyp festlegen. Die eventuell zu einem solchen Basisklang hinzugefügten Töne (Nonen, Undezimen, Tredezimen) nennt man *Akkorderweiterungstöne*. Betrachten wir zunächst die leitereigenen Vierklänge in Dur:

Auf den Stufen I und IV stehen große Septakkorde, auf den Stufen II, III und VI Mollseptakkorde, auf der V. Stufe finden wir einen Dominantseptakkord und auf der VII. einen halbverminderten Septakkord, der als verkürzter Dominantseptnonenakkord funktioniert.

Wir verzichten in der Funktionsbezeichnung der Akkorde im allgemeinen auf die Benennung der oberen Akkordtöne (Septen, Nonen usw.), da es um die Funktion des Akkordes, nicht um seinen genauen Aufbau geht.

Ähnlich gehen wir auch bei der im Jazz üblichen Bezeichnung der Akkorde selbst vor: Wir legen ihren genauen Aufbau nur gelegentlich fest; meist vertritt ein Akkordsymbol einen bestimmten Akkord sowie

* Die Funktionsbezeichnungen D und D^7 dürfen nicht mit den Akkordbezeichnungen verwechselt werden. Was jeweils gemeint ist, geht aus dem Zusammenhang hervor.

eine Auswahl von Ersatzakkorden, deren genaue Bestimmung von dem Akkordtyp sowie seiner Funktion im Zusammenhang abhängt.

In der Tabelle 1 sind – nach Funktionen geordnet – alle gängigen leitereigenen Akkorde der Durtonleiter aufgeführt. Jeweils am Anfang einer Zeile steht das die ganze Zeile vertretende Akkordsymbol, unter den Akkorden ihre jeweilige genaue Bezeichnung:

Tabelle 1

Leitereigene Akkorde in Dur

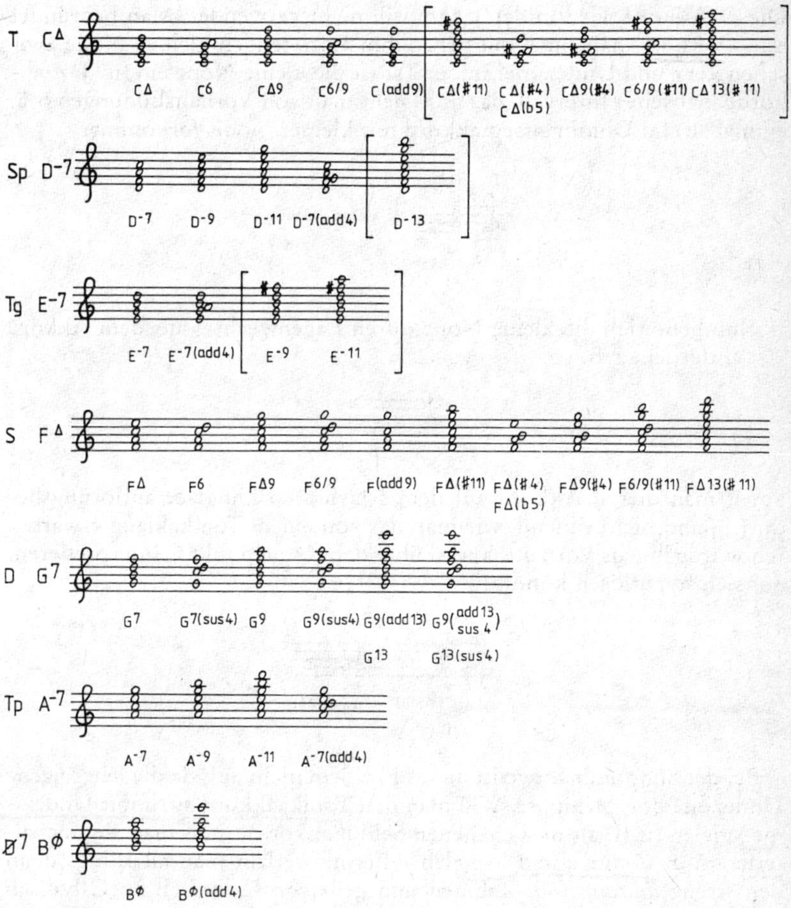

Betrachten wir die einzelnen Zeilen. Tonika und Subdominante können an Stelle der großen Sept auch die große Sext haben. Interessant ist auch der Dreiklang mit hinzugefügter großer None (oder großer Sekunde) und weggelassener Sept bzw. Sext. Problematisch wird die sukzessive Aufstockung des Tonikadreiklangs um diatonische Terzen bei der Undezime. Der leitereigene Undezimenakkord auf der I. Stufe ist:

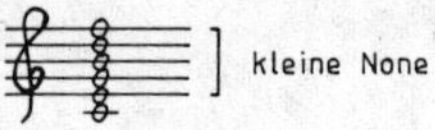

Dieser Akkord wird in der Jazzmusik nicht verwendet. Man begründet sein »Verbot« manchmal mit der in ihm auftretenden kleinen None zwischen Terz und Undezime. In der Tat ist die kleine None ein für Jazzakkorde kritisches Intervall, das nur (sieht man von Vorhaltsbildungen o. ä. einmal ab) im Dominantseptakkord mit kleiner None vorkommt:

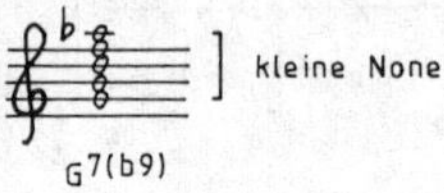

Nun ließe sich die kleine None durch Lagenwechsel aus dem Akkord $C^{\triangle}$ entfernen, z. B. so:

Spielt man diesen Akkord auf dem Klavier, so klingt er auflösungsbedürftig und nicht ruhend, wie man das von einem Tonikaklang erwartet. Ich würde ihn als Vorhaltsakkord über dem Orgelpunkt C interpretieren, der sich so auflösen könnte:

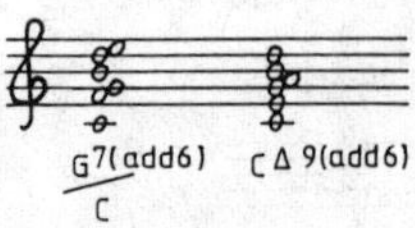

Bei der Subdominante tritt dieses Problem nicht auf, da die leitereigene Undezime übermäßig ist. Will man den Tonikaakkord auch mit Undezime spielen (z. B. als ausgehaltenen Schlußakkord), muß man sie hochalterieren, in C-dur also F# spielen. Hiermit verläßt man allerdings dann den streng *diatonischen* Rahmen und geht von C-ionisch zu C-lydisch über. Die die übermäßige Undezime enthaltenden Tonikaakkorde sind daher in Klammern gesetzt. Subdominanten werden nicht selten mit der übermäßigen Undezime gespielt; häufiger noch spielt man als $^{\Delta(\#11)}$ bezeichnete Klänge als $^{\Delta(\#4)}$- oder $^{\Delta 9(\#4)}$-Akkorde.

Bei den Mollseptakkorden auf den Stufen II, III und VI bereitet die Undezime keine Schwierigkeiten, im Gegenteil, sie wird zu den Grundakkorden gern hinzugefügt. Dafür wirft die None beim Mollseptakkord der III. Stufe ein Problem auf: Die leitereigene None ist klein. Deshalb spielt man den Akkord entweder ohne None oder alteriert sie hoch, was wieder einem (momentanen) Übergang von C-ionisch nach C-lydisch entspricht, der im Jazz seit dem Bebop der vierziger Jahre durchaus nicht unüblich ist. Der Molltredezimenakkord kommt als Subdominantparallele nur sehr selten vor und auf den Stufen III und VI nie.

Bei den Akkorden der Stufen III und VI sind nur die Funktionen Tg bzw. Tp angegeben, da die Funktionen Dp bzw. Sg im Jazz praktisch nicht vorkommen. Dies mag im Falle der III. Stufe daran liegen, daß ein Mollseptakkord nicht genug Spannung oder Dissonanz enthält, als daß ein nachfolgender großer Septakkord als Ruheklang empfunden wird. Ein subdominantischer Klang muß andererseits in diesem klanglichen Kontext die Quarte der Tonleiter enthalten, um sich deutlich genug von der Tonika zu unterscheiden.

Die Dominantakkorde können die Quarte an Stelle der Terz enthalten; diese wird im diatonischen Rahmen meist als *Vorhalt* behandelt, der sich in die Terz auflöst (suspended fourth = Vorhaltsquarte):

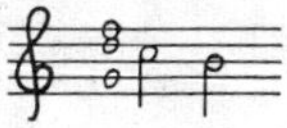

$G^{7(sus4-3)}$

Seit den sechziger Jahren kommt dieser Akkord jedoch auch als selbständiger Klang vor (z. B. in ›Maiden Voyage‹ von Herbie Hancock; vgl. S. 106).

Da die Dominante ein Spannungsakkord ist, der sich in die Tonika auflöst, sollte er einen schärferen Dissonanzgrad haben als der Ruheklang. Weil dieser oft als Nonenakkord gespielt wird, wählt man für die Dominante den Klang mit None und hinzugefügter Tredezime: $G^{9\ (add\ 13)}$. Dieser Akkord ist meistens gemeint, wenn G^{13} in den Noten steht. Der volle Tredezimenakkord ist wegen des kleinen Noneintervalls zwischen Terz und Undezime sehr dissonant, und ich habe ihn nur ab und zu als bombastischen Schlußakkord eines Big-Band-Stückes gehört.

Der halbverminderte Akkord auf der VII. Stufe wird als Dominantvertreter selten verwendet. Er läßt sich gut um die Quarte erweitern.

Eine *Akkordumkehrung* entsteht, wenn man als Baßton einen anderen Akkordton als den Grundton verwendet, z. B.:

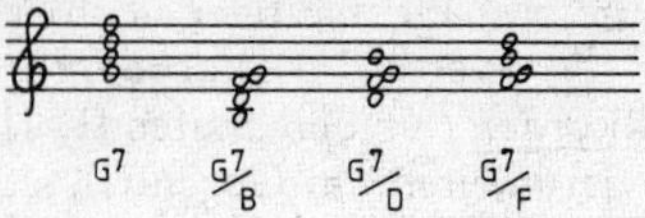

Akkordumkehrungen kommen erst im neueren Jazz öfter vor.

Übungen

1. Bilde die folgenden Akkorde:

   $C^{\#7}$, $E^{9\ (sus\ 4)}$, $A^{\flat\triangle(\#4)}$, B^{-11}, $D^{(add\ 9)}$, $F^{9\ (add\ 13)}$, $A^{ø}$, $D^{\#-7\ (add\ 4)}$, $G^{6/9}$, $B^{\flat-9}$, $F^{\#ø\ (add\ 4)}$, $C^{9\ \left(\substack{add\ 13\\ sus\ 4}\right)}$

2. Benenne die folgenden Akkorde vollständig:

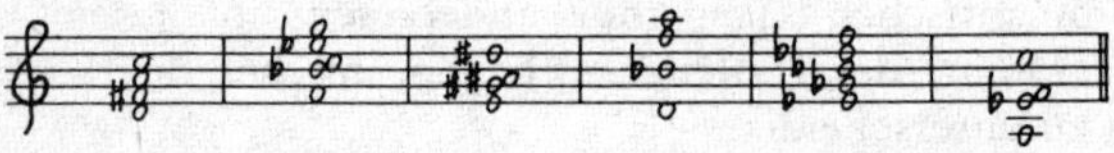

3. Bilde alle möglichen Realisierungen der folgenden Funktionen:

   S in E♭, Tg in A, T in D♭,
   Ð in E, D in B♭, Tp in D,
   Tg in C#, S in B♭, Tg in A♭,
   D in F, T in G, Sp in G♭

4. Welche Funktionen können die folgenden Akkorde in welchen Tonarten haben (nur diatonische Akkorde)?

   Beispiel: E^{-9} ist Sp in D oder Tp/Sg in G.

   D^{-7}, $D^{\flat\triangle\ (add\ 9)}$, $C^{9\ (sus\ 4)}$, $B^{\flat-9}$,
   $B^{\flat 9\ (add\ 13)}$, $A^{\triangle(\#4)}$, $G^{\#ø\ (add\ 4)}$, G^{-7},
   $G^{\flat 6/9}$, F^{9}, $E^{\triangle 13\ (\#11)}$, $E^{\flat-7\ (add\ 4)}$

5. Benenne die folgenden Akkorde und bestimme ihre möglichen Funktionen in verschiedenen Tonarten:

Betrachten wir zunächst Verbindungen von je zwei der drei Hauptfunktionen miteinander:

Die Tonika ist das tonale Zentrum. Die Subdominante und die Dominante sind jeweils quintverwandt zur Tonika. In der Verbindung T–S können wir die Subdominante als eine Ausdehnung, Erweiterung oder Intensivierung der Tonika erleben. Die Dominante enthält eine Spannung, die sich in das Zentrum T auflöst. Die Verbindung D–T heißt *authentischer Schluß.* Die Verbindung T–D wird *Halbschluß* genannt, weil sie oft am Ende eines Abschnitts in einem Stück vorkommt. Die Verbindung S–T schließlich heißt *Plagalschluß.* Er war vor allem in älterer Kirchenmusik gebräuchlich und hat über Spirituals und Gospel-Songs seinen Weg in manche Jazzstücke (z. B. ›Moanin'‹ von Bobby Timmons) gefunden:

Der Subdominantdreiklang B♭-dur wird hier über dem Tonikagrundton F gespielt, wodurch die Stelle noch archaischer wirkt.

Hört man zwei quintverwandte Akkorde hintereinander, so läßt sich ohne Zusammenhang noch keine Tonart ausmachen. So kann z. B. die Verbindung der G-dur- und C-dur-Dreiklänge miteinander T–S in G-dur oder D–T in C-dur sein. Erst eine Verbindung, in der alle drei Grunddreiklänge auftreten, klärt den tonalen Zusammenhang. Die wichtigste derartige Verbindung, die *klassische* (Dur-)*Kadenz,* tritt deshalb auch oft am Schluß eines Stückes auf:

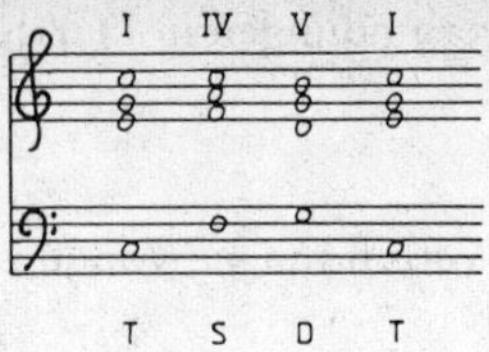

Schon in der europäischen Musiktradition wurde den Subdominant- und Dominantdreiklängen ein vierter Ton hinzugefügt, und zwar der Subdominante die (große) Sexte (*sixte ajoutée*) und der Dominante die (kleine) Septe. Diese Töne heißen *charakteristische Dissonanzen*, da man an ihnen (im Kontext der klassischen Musik) die Funktionen der Akkorde unabhängig vom Zusammenhang erkennen konnte.

Ein Durakkord mit großer Sexte war automatisch eine Subdominante, einer mit kleiner Septe automatisch eine Dominante. Im Jazz liegen die Dinge nicht so einfach, da die Sexte auch dem Tonikaakkord und die kleine Septe als *blue note* (vgl. Kap. V) jeder Hauptfunktion hinzugefügt werden können. Doch hören wir uns zunächst noch zwei klassische Kadenzen mit charakteristischen Dissonanzen an:

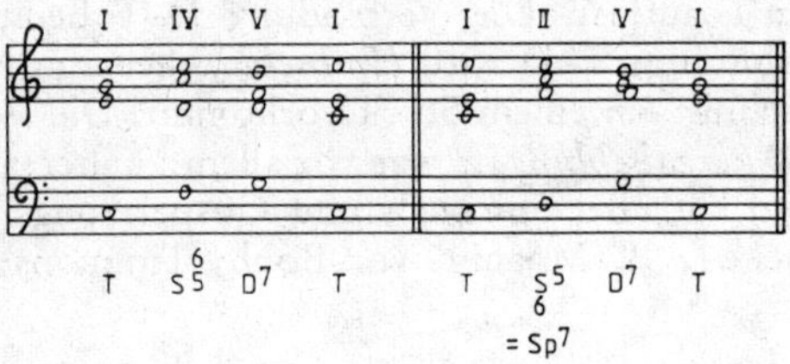

In der zweiten Form ist die zum Subdominantakkord hinzugefügte Sexte D in den Baß versetzt worden; der entstehende Akkord ist mit der Subdominantparallele, dem Septakkord der II. Stufe, identisch: $S^{5}_{6} = Sp^{7}$. Diese Form der Kadenz, die der im Jazz üblichen schon sehr nahekommt, tritt bereits in der klassischen Musik des späten 18. und vor allem des 19. Jahrhunderts auf. Durch den fallenden Quintschritt (= steigender Quartschritt) des Baßtones der Subdominantparallele in den Dominantgrundton G bekommt die Subdominantparallele einen quasi dominantischen Aspekt, bezogen auf die Dominante: In C-dur wäre ja D-dur die Dominante der Dominante G-dur. Da die Subdominantparallele aber die kleine Terz F enthält, fehlt ihr der Leitton F#, somit ist sie keine echte Dominante von G. Die Subdominante hat also zwei Aspekte: Der der Ausdehnung oder Intensivierung der Tonika kommt am besten zur Geltung, wenn man sie in ihrer Grundform auf der IV. Stufe verwendet; der Aspekt der Vorbereitung der Dominante, ihrer vorhaltsmäßigen Hinauszögerung, verwirklicht sich am besten in ihrer Form als Subdominantparallele auf der II. Stufe.

Gegenüber der zuletzt betrachteten Form der Kadenz unterscheidet sich die *Jazz-Kadenz* (die wir im folgenden kurz Kadenz oder Durkadenz nennen werden) dadurch, daß sie mit der Subdominantparallele beginnt und alle Funktionen durchweg als Vier-, Fünf- oder Sechsklänge gespielt werden:

In der Tabelle 2 (S. 28) sind einige wichtige diatonische Akkordverbindungen aufgelistet.

Neben der einfachen Jazz-Kadenz (1) tritt sehr oft auch die *unaufgelöste Kadenz* (2) auf, bei der die Tonika fehlt. In der Verbindung (3), die auch *erweiterte Kadenz* genannt wird, ist die Tp zwischen T und Sp eingefügt. Verbindung (4) beginnt mit der Dp, geht dann genauso weiter. Verbindung (5) entsteht hieraus durch Davorsetzen der T und S.

Die beiden letztgenannten Beispiele zeigen übrigens eine Schwäche der Funktionstheorie auf: Da E^{-7} hier eindeutig Tg ist (dies kann man herausbekommen, indem man E^{-7} durch seine beiden Terzverwandten $C^{\triangle}$ und G^{7} ersetzt und das Ohr entscheiden läßt, was dem Original ähnlicher klingt) und wir bei A^{-7} einen Funktionswechsel hören, müßte A^{-7} Sg sein: aber wie sollen wir dann den erneuten Funktionswechsel nach D^{-7} bezeichnen, das eindeutig Sp ist?

Streng diatonische Akkordverbindungen wie diese lassen sich vielleicht besser mit dem Begriff des *diatonischen Quintenzirkels* erfassen. Im Gegensatz zu dem zwölftönigen (chromatischen) Quintenzirkel enthält dieser nur die sieben Töne der Tonart, zu der er gehört. Zu jeder Tonart gibt es einen diatonischen Quintenzirkel. Hier ist der von C-dur:

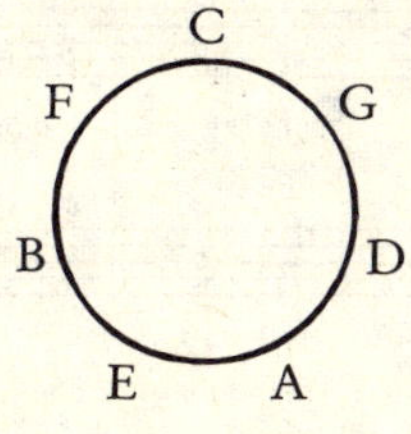

Tabelle 2

Diatonische Akkordverbindungen

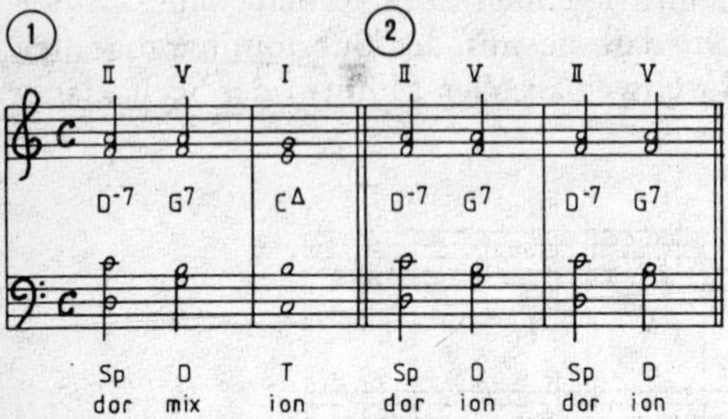

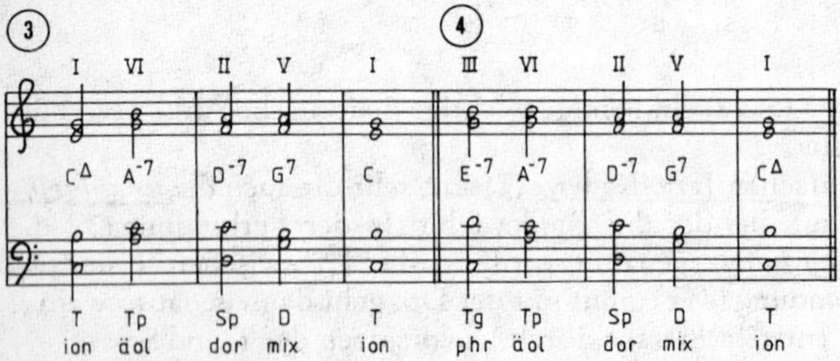

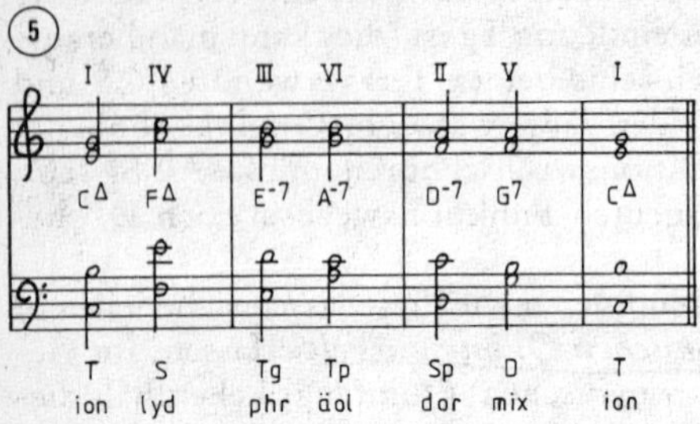

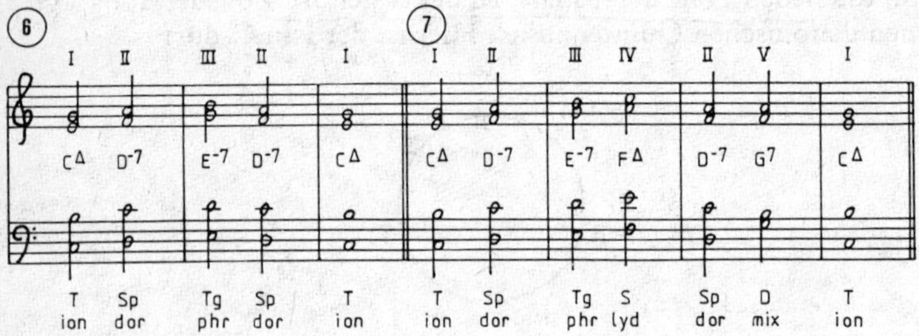

Da mit dem Ton »B« hier natürlich das deutsche »H« gemeint ist, ist F–B eine verminderte Quinte, alle anderen Quinten sind rein. Akkordverbindungen wie (1) bis (5) entstehen dadurch, daß man in einen beliebigen Ton des diatonischen Quintenzirkels springt und von hier aus mit leitereigenen Vier- oder Mehrklängen entgegen dem Uhrzeigersinn bis zur Tonika »abkadenziert«.

Wenn wir in den Beispielen dennoch die Funktionsbezeichnungen eingetragen haben, dann in erster Linie, um sie einzuüben. Der eigentliche Nutzen der Funktionstheorie wird sich erst bei erweitert-diatonischen Fortschreitungen ergeben. Stücke, die – wie die Beispiele – ausschließlich aus streng-diatonischen Akkordverbindungen einer Tonart bestehen, sind im Jazz ohnehin äußerst selten.

Während bei den bisher betrachteten Beispielen die fallende Quinte das dominierende akkordverbindende Intervall war, finden wir in den Beispielen (6) und (7) auch stufenweise Bewegung der Akkorde. Da sich in dieser Verbindung alle Stimmen parallel zueinander bewegen, heißt sie auch *Parallel-Fortschreitung*. Es gibt übrigens im Jazz kein Verbot von Quintenparallelen. Da in (6) die Sp auf leichten Taktzeiten die T mit ihrem Vertreter Tg verbindet, hat sie hier den Charakter eines diatonischen Durchgangsakkordes ohne eigene harmonische Bedeutung. Diese Verbindung tritt daher oft an Stellen auf, die auch nur mit der Tonika harmonisiert werden könnten, z.B. in dem Stück ›When Lights Are Low‹:

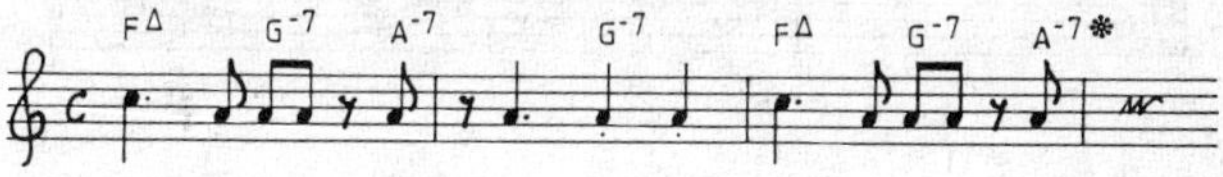

In der Tabelle 2 finden wir unter den Funktionsbezeichnungen jeweils die Skalen bzw. Modi, die wir bei dem betreffenden Akkord zur Improvisation benutzen können. Betrachten wir als Beispiel die Kadenz: Beim ersten Akkord, der Subdominantparallele, können wir die dorische Leiter benutzen (gemeint ist immer die mit dem Baßton des Akkordes beginnende Leiter, hier also D-dorisch), bei der Dominante G-mixolydisch und bei der Tonika schließlich C-ionisch. Bei allen drei Leitern handelt es sich natürlich um Modi der zugrundeliegenden C-dur-Leiter, und zwar hier wie auch in allen anderen Beispielen jeweils um den Modus, der auf der entsprechenden Akkordstufe beginnt.

* Noten, die auf Und-Zählzeiten (*off beats*) stehen und bei denen die unmittelbar folgende volle Zählzeit (*down beat*) nicht gespielt oder angebunden wird, wirken wie ein vorgezogener down beat und werden daher wie diese harmonisiert. In unserem Beispiel wirkt die fünfte Note nicht als »Vier-und«, sondern als vorgezogene Eins und wird daher bereits mit A^{-7} harmonisiert.

Wir könnten natürlich auch sagen, daß wir bei allen drei Akkorden die C-dur-Leiter benutzen, was zunächst einfacher zu sein scheint. Durch die modale Redeweise soll jedoch nicht nur der Tonvorrat (hier: alle Töne der C-dur-Leiter), sondern auch eine Gewichtung der einzelnen Töne angegeben werden. Bei der Subdominantparallele D^{-7} z. B. können alle Töne der C-dur-Leiter verwendet werden, mit Vorrang jedoch die akkordeigenen D, F, A, C; bei den anderen Akkorden entsprechend:

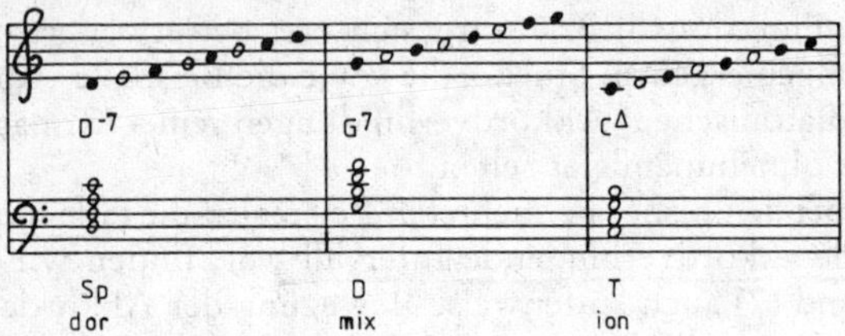

Hier ein paar Beispiele für mögliche Melodien:

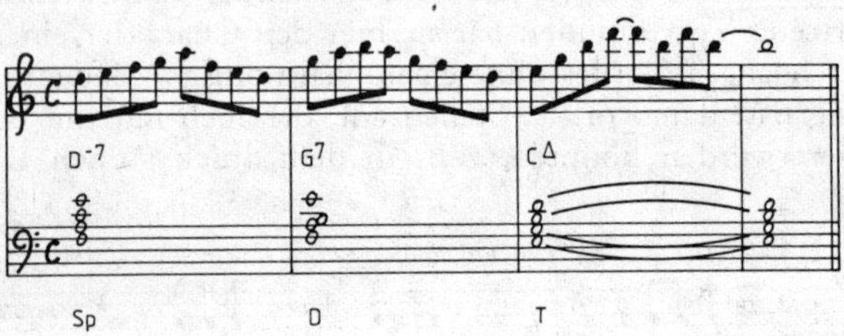

Auch chromatische Vorhalts- (V) (auf schwerer Zeit), *Durchgangs-* (D), *Wechsel-* (W) und *Nebennoten* (N) (auf leichter Zeit) können verwendet werden:

Hier ist der Bezug zu den Ausgangsskalen schon ziemlich verwischt, aber gleichwohl noch vorhanden.

Wir können an dieser Stelle schon feststellen, daß der gleiche Akkordtyp verschiedene Skalen erfordern kann, je nachdem, welche Funktion der Akkord hat:

Tabelle 3

Akkorde, Funktionen und Skalen in strenger Diatonik

Akkordtyp	Funktion	Skala
großer Septakkord	T	ionisch
	S	lydisch
Dominantseptakkord	D	mixolydisch
halbverminderter Septakkord	Ø	lokrisch
Mollseptakkord	Sp	dorisch
	Tp	äolisch
	Tg	phrygisch (äolisch)

Über dem Tonikagegenklang kann man die äolische Leiter verwenden, wenn der Akkord mit (hochalterierter) großer None gespielt wird (vgl. Kap. III).

Zusammenfassend können wir sagen, daß bei der Improvisation über (streng) diatonische Akkordfolgen Melodien gebildet werden können, die die zugrundeliegende Durtonleiter benutzen. Vorsicht ist lediglich geboten bei den Tönen, die (gemäß Tabelle 1, s. S. 21) als Akkorderweiterungen nicht in Frage kommen. Landet man beim Improvisieren auf solch einem Ton, ist dies aber auch kein Drama, falls man den Ton als Vorhalt behandelt und auflöst, z. B. so:

oder:

Abschließen sollen dies Kapitel ein paar Bemerkungen zu Stimmführungsregeln im Jazz (*voicing*). Die Lage des Akkordes ist grundsätzlich beliebig; es werden ja sogar – wie wir im letzten Kapitel gesehen haben – die Erweiterungstöne oft nicht vorgeschrieben, sondern vom Spieler ausgewählt. Das mindeste, was ein Akkord enthalten muß, sind Grundton, Terz und Sept (bzw. bei großem Septakkord statt dessen die Sexte). Beim Spiel in einer Gruppe spielt der Baß den Grundton, somit kann man schon mit einer einfachen zweistimmigen Begleitung auskommen. Zu diesem Akkordfundament können dann (gemäß Tabelle 1) noch Erweiterungstöne kommen. Hierbei ist darauf zu achten, versteckte kleine Nonen zu vermeiden. Hier ein paar Möglichkeiten, den Akkord G^7 zu spielen:

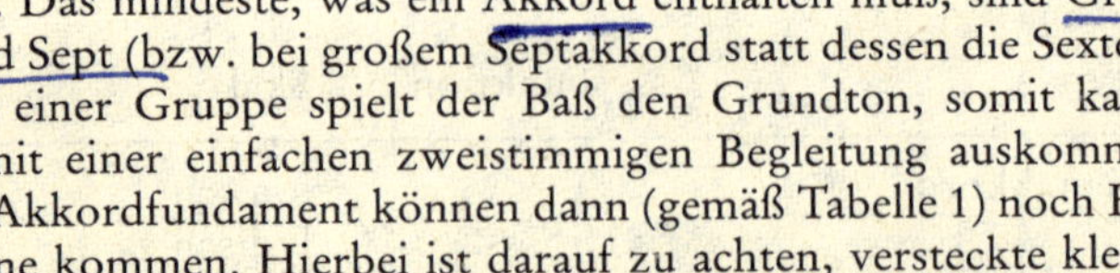

Welches voicing man wählt, hängt vom Stück, Zusammenhang, Stil, Geschmack des Spielers, emotionalem Ausdruck usw. ab.

Es gibt einige standard-voicings, die es dem Anfänger und dem Nichtpianisten erleichtern, Akkordsymbole unmittelbar auf dem Klavier umzusetzen. Wir haben sie in den Beispielen oben schon benutzt. Die erste Gruppe dieser voicings benutzt Grundtöne, ist somit für das Alleinspielen auf dem Klavier geeignet. Die linke Hand greift Grundton und Sept, die rechte Terz und Quinte (1 – 7 – 3 – 5) bzw. Sexte (1 – 7 – 3 – 6) oder die linke spielt Grundton und Terz und die rechte Sept und None (1 – 3 – 7 – 9) bzw. Oktav (1 – 3 – 7 – 8).

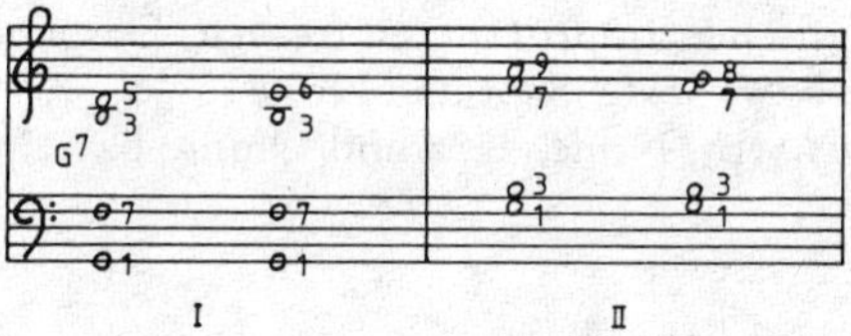

Zum ersten voicing läßt sich gut die None, zum zweiten die Tredezime hinzufügen.

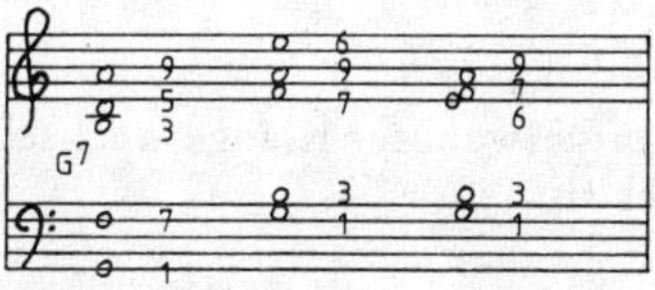

Dieses voicing eignet sich auch gut zum Themenspiel. Wir benutzen die vier Akkordtöne als Grundstock und spielen mit den freien Fingern der rechten Hand die Melodie darüber. Beispiel: ›When Lights Are Low‹:

Verbinden wir Akkorde miteinander, vermeiden wir unnötige Sprünge und lassen die Stimmen den kleinsten Weg gehen. Betrachten wir noch einmal die Beispiele in Tabelle 2 (S. 28), so sehen wir, daß wir bei Parallel-

Fortschreitungen aufeinanderfolgender Akkorde den gleichen voicing-Typ (I oder II) haben, während er bei den Quintschritt-Folgen zwischen 1 – 7 – 3 – 5 und 1 – 3 – 7 – 9 wechselt. Mit welchem voicing-Typ man beginnt, ist im Grunde egal. Man sollte jedoch darauf achten, daß die Dominante als Spannungsklang einen höheren Dissonanzgrad hat als die Tonika: Ist die Dominante ein Nonenakkord, so wird für die Tonika ein Septakkord gewählt, will man diese mit None spielen, empfiehlt sich bei der Dominante die Hinzufügung von None und Tredezime.

Wenn man in einer Gruppe mit Baß spielt, übernimmt dieser die Grundtöne, und der Pianist kann beim Begleiten andere, grundtonlose voicings benutzen, die er nur mit der linken Hand spielt, damit er die rechte zum melodischen Improvisieren frei hat. Das eine voicing besteht aus Terz, Quinte bzw. Sexte, Sept und None (3 – 5 – 7 – 9 bzw. 3 – 6 – 7 – 9), das andere aus Sept, None, Terz und Quinte bzw. Sexte (7 – 9 – 3 – 5 bzw. 7 – 9 – 3 – 6):

Bei Verbindungen quintverwandter Klänge wechseln die beiden voicing-Typen einander wieder ab:

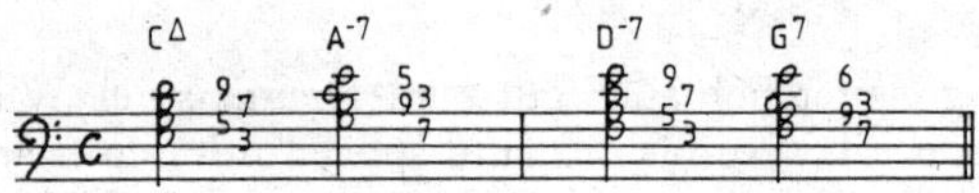

Hier wie auch schon bei den voicings mit Grundtönen können wir sehen, daß bei quintverbundenen Akkorden die Terz in die Sept geht und umgekehrt. Dies wird auch *Terz-Sept-Stimmführung* genannt.

Die hier angegebenen voicings sind nur als Anregung für den Anfänger und Nichtpianisten gedacht. Selbstverständlich gibt es eine Fülle weiterer Stimmführungsmöglichkeiten. Beispiele lassen sich z. B. in Dan Haerle, ›Jazz-Rock Voicings‹, und in Bill Dobbins, ›The Contemporary Jazz Pianist‹, Bd. 1 und 2, finden.

Auch auf der Gitarre lassen sich die Akkorde nach ähnlichen Stimmführungsregeln verbinden. Viele Gitarristen spielen die Akkorde nur vierstimmig und lassen den Grundton und gelegentlich die Quinte weg.

Übungen

1. Spiele die angegebenen Akkordverbindungen nach und nach in allen Tonarten auf dem Klavier. Benutze zunächst das voicing mit Grundtönen. Wenn du die grundtonlosen voicings benutzt, singe zunächst die Grundtöne mit.

2. Improvisiere über die angegebenen Akkordfolgen nach und nach in allen Tonarten. Wenn du kein Pianist bist und keinen Begleiter hast, kannst du die Akkorde vorher auf Band spielen (lassen). Einige der angegebenen Folgen findest du in den Begleitheften 3 und 16 der Mitspiel-Platten der Aebersold-Serie. Improvisiere aber auf jeden Fall auch ohne Begleitung und versuche, die Verbindung der Akkorde allein durch die Melodienführung darzustellen. Nimm deine Improvisation auf und begleite dich erst im Nachhinein bei der Wiedergabe.

3. Analysiere die folgenden Akkordverbindungen:
   – bestimme die Tonart;
   – bestimme die Funktionen der Akkorde;
   – bestimme die Improvisationsskalen.

   Schreibe eine Improvisation über die changes auf!

   a) $\| \; C^{-7} \mid F^{7} \mid C^{-7} \mid F^{7} \mid D^{-7} \mid G^{-7} \mid$
   $\mid C^{-7} \mid F^{7} \mid C^{-7} \mid F^{7} \mid B^{\flat\triangle} \; G^{-7} \mid C^{-7} \; F^{7} \; \|$
   $B^{\flat\triangle} \; E^{\flat\triangle} \mid B^{\flat\triangle} \; \|$

   b) $\| \; F^{\triangle} \; D^{-7} \mid G^{-7} \; C^{7} \mid A^{-7} \; D^{-7} \mid G^{-7} \; E^{ø} \mid$
   $\mid D^{-7} \mid G^{-7} \; C^{7} \mid F^{\triangle} \; G^{-7} \mid A^{-7} \; B^{\flat\triangle} \mid$
   $\mid G^{-7} \mid C^{7} \mid A^{-7} \mid D^{-7} \mid$
   $\mid G^{-7} \mid C^{7} \mid B^{\flat\triangle} \mid F^{\triangle} \; \|$

4. Erfinde selbst diatonische Akkordverbindungen und improvisiere über diese.

Der Blues, dessen Entstehungszeit vor den Jazz zurückreicht, ist eine der wichtigsten Formen der afro-amerikanischen Musik. Seine Konturen haben sich im Laufe seiner Entwicklung zu einem aus drei viertaktigen Phrasen feststehenden, zwölftaktigen Schema verfestigt, dessen harmonischer Ablauf basiert auf:

	T	T	T	T
S	S	T	T
D	D	T	T	

Wie wir sehen, benutzt dieses einfache Blues-Schema nur die Akkorde der drei Hauptfunktionen.

Der inhaltliche Aufbau des Blues wird besonders deutlich, wenn wir einen typischen Blues-Text betrachten, z.B. eine Strophe aus ›Hellhound on My Trail‹ von Robert Johnson:

»I can tell the wind is risin', the leaves
tremblin' on the tree.
I can tell the wind is risin', the leaves
tremblin' on the tree.
All I need is my little sweet woman to
keep my company.«

Die erste Zeile macht eine Aussage, die in der zweiten mit gleicher Melodie wiederholt wird, aber diesmal in den ersten beiden Takten mit der Subdominante harmonisiert, was einen steigernden, ausdrucksintensivierenden Charakter hat. Die dritte Zeile bringt schließlich eine Lösung oder eine Konsequenz des anfangs aufgestellten Problems oder der gemachten Aussage.

Die im (modernen) Jazz verwendeten Blues-Harmonien sind Weiterentwicklungen des einfachen Schemas. Die Zahl der Varianten ist nicht zu schätzen.

Wir betrachten in diesem Kapitel zunächst zwei einfache Grundformen (Notenbeispiele auf S. 37), die den meisten Erweiterungen zugrunde liegen, auf die wir in späteren Kapiteln noch zu sprechen kommen.

Beiden Schemata gemeinsam ist die Verwendung der Subdominante in Takt 2. Sie unterscheiden sich am Ende, in den Takten 9–12. Im ersten Schema, das vor allem in soul- und rockbeeinflußtem Jazz gespielt wird, haben wir eine Rückung der Dominante zur Subdominante, die sich dann

Blues-Schema mit Plagalschluß

Blues-Schema mit Kadenzschluß

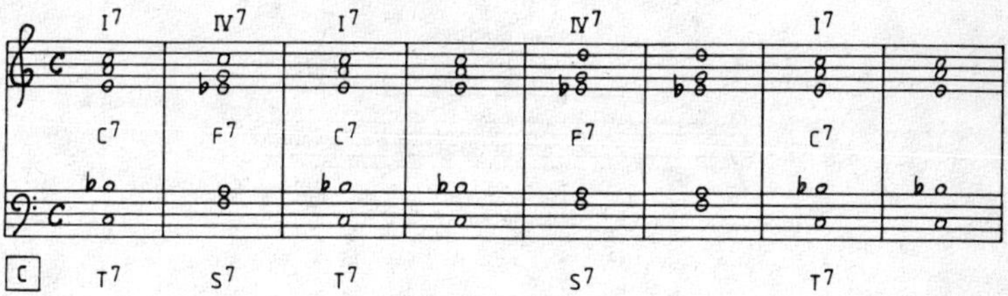

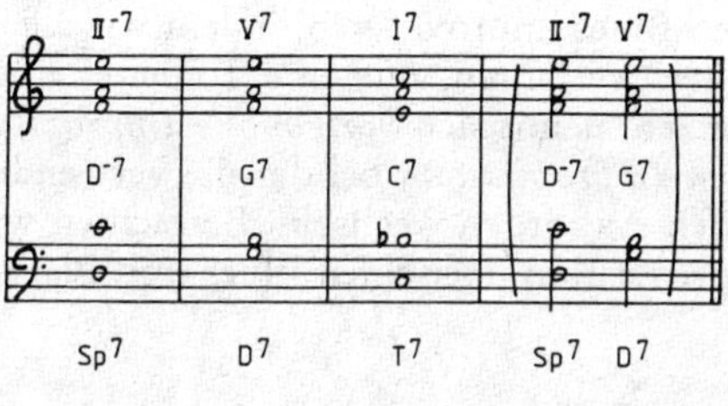

* Anders als in der klassischen Musiktheorie bezeichnen wir mit der 7 an einer Funktionsbezeichnung stets die kleine Sept, also genauso wie bei den Akkordbezeichnungen.

plagal in die Tonika auflöst. Dagegen weist das zweite Schema an dieser Stelle eine Kadenz auf. Im letzten Takt kann die Dominante bzw. ein Sp-D-Paar gespielt werden, um wieder zum Anfang zurückzuleiten.

Interessant ist, daß nicht nur – wie gewohnt – die Dominante mit kleiner Sept gespielt wird, sondern auch Tonika und Subdominante. Dies hat melodische Gründe, die in der Verwendung der blue notes liegen.

Diese sind aus dem Blues-Gesang entstanden. Die Blues-Sängerinnen und -Sänger intonierten die Terz und Sept tiefer, als sie in der Durtonleiter auftreten, aber nicht so, daß sie mit der kleinen Terz bzw. Sept identisch waren. Auf den meisten Instrumenten läßt sich die Blues-Intonation nachahmen, auf der Gitarre z.B. durch das Ziehen der Saiten, auf dem Saxophon durch Anschleifen des Tones. Im Bebop ist die verminderte Quinte als weitere blue note hinzugekommen. Notiert werden die blue notes als die entsprechenden kleinen bzw. verminderten Intervalle, z.B. die blue notes in C:

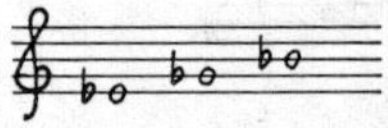

Fassen wir die drei blue notes mit den drei Grundtönen der Hauptfunktionen zusammen, entsteht die sechstönige *Blues-Skala**:

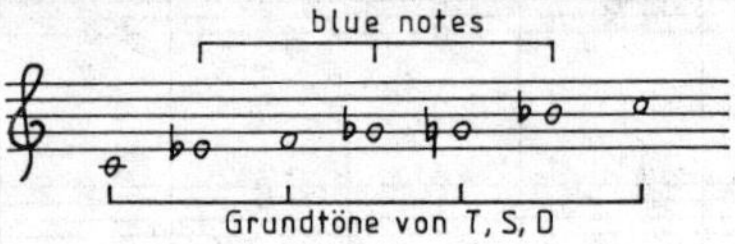

Diese Tonleiter ist die c-moll-Pentatonik mit hinzugefügter verminderter Quinte. Wir können über den Blues improvisieren, indem wir allein Töne dieser Skala verwenden. Das Verfahren, nur eine Tonleiter über wechselnden Akkorden zu benutzen, nennt sich *horizontale Improvisation*, im Gegensatz zur *vertikalen Improvisation*, bei der die verwendeten Skalen im allgemeinen mit den Akkorden wechseln. Betrachten wir als Beispiel eine horizontale Improvisation über einen Blues (mit Plagalschluß) in B♭:

* Unter dem Namen »Blues-Skala« sind heute verschiedene Leitern geläufig. In diesem Buch soll immer die angegebene Tonfolge darunter verstanden werden.

Wir sehen, daß die Melodie die ganzen zwölf Takte über nur die sechs Töne der B$^{\flat}$-Blues-Skala benutzt. Die dabei entstehenden teilweise scharfen Zusammenklänge sind typisch für den Blues. Besonders charakteristisch ist die Verwendung der kleinen Terz über der großen. Dies kann man sogar in den Begleitakkorden machen, wie das Beispiel zeigt. Der entstehende Akkord

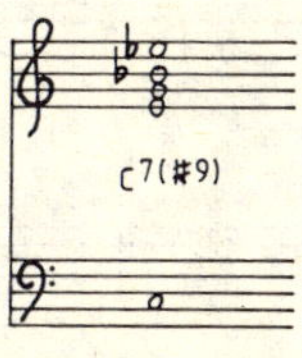

wird üblicherweise mit $C^{7\,(\sharp 9)}$ bezeichnet, obwohl es nach der Notation richtiger wäre, ihn als $C^{7\,(\flat 10)}$ zu bezeichnen.

Ganz beliebig ist das Zusammentreffen von Tönen der Blues-Skala und den Akkorden allerdings nicht, aber mit etwas Hör- und Spielerfahrung läßt sich das Problem am besten meistern. Der Blues entzieht sich vielleicht noch mehr einem Zugriff durch Regeln als Musik allgemein.

Noch ein Wort zu den im Beispiel verwendeten *Akkord-voicings.* Alle drei verwendeten Akkorde sind dreistimmig und grundtonlos. Interessant ist, daß sie alle drei den gleichen Intervallaufbau haben, nämlich Tritonus-Quarte. Je nachdem, welcher Grundton unter dem Akkord liegt, definieren sich die Akkordtöne einmal als große Terz, kleine Sept und übermäßige None (eigentlich ja kleine Dezime), das andere Mal als kleine Sept, große Terz und große Tredezim:

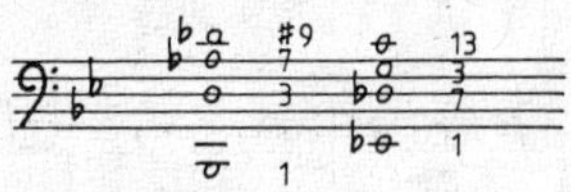

Wie schon die im letzten Kapitel besprochenen vierstimmigen grundtonlosen voicings liegen auch diese entweder auf der Terz oder der Sept, und bei Verbindungen quintverwandter Klänge geht der eine Typ in den anderen über und umgekehrt. Die Notation der Akkorde in den Beispielen soll nur eine Anregung darstellen. Es ist gut, die Akkorde rhythmisch variiert als Einwürfe zu spielen. Auch kann man bei Akkordwechsel auf der Eins des betreffenden Taktes den Grundton im Baß spielen und den Akkord erst später.

Bei vertikaler Improvisation über den Blues lassen sich bei den Dominantseptakkorden am besten die jeweiligen mixolydischen Skalen verwenden und – im Falle des Blues-Schemas mit Kadenzschluß – beim Mollseptakkord die entsprechende dorische Leiter. Für einen Blues in F sieht das dann so aus:

Anders als bei allen bisher betrachteten Beispielen ändern sich hier im allgemeinen die Skalen mit den Akkorden. Während bei diatonischen Akkordverbindungen nur ein Wechsel im Grundtonbezug stattfindet, also ein Wechsel von einem Modus zu einem anderen Modus der gleichen Grundskala, finden hier Vorzeichenwechsel statt. So wechselt das A aus F-mixolydisch im ersten Takt zu $A^{\flat}$ aus $B^{\flat}$-mixolydisch im zweiten und geht im dritten und vierten wieder zu A. Ein ähnlicher Wechsel vollzieht sich in den nächsten Takten. Am Ende haben wir bei G^{-7} und C^{7} das E, dagegen das $E^{\flat}$ bei F^{7}.

Es kann sehr hilfreich sein, sich solche Tonwechsel genau klarzumachen, bevor man über eine Akkordfolge improvisiert. Oft lassen sich solche, das Vorzeichen wechselnde Noten in eine *guide-line* einbauen. Hierunter versteht man eine die Akkordwechsel einstimmig darstellende Linie, die

- aus akkordeigenen Tönen besteht, oft aus Terz oder Sept;
- bei Akkordwechsel in der Regel in Sekundschritten weitergeht und
- bei gleichbleibendem Akkord Sprünge machen kann.

Hier ein Beispiel für eine guide-line zu dem Blues in F, die auch die oben besprochenen Vorzeichenwechsel darstellt:

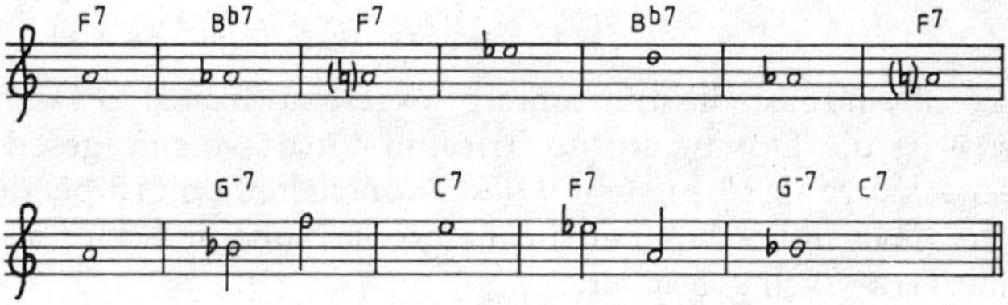

Ähnlich wie oben bei der Besprechung der horizontalen Improvisation sehen wir auch hier wieder das für den Blues typische Auftreten von Dur- und Mollterz (A und $A^{\flat}$). Doch erklingen sie bei der vertikalen Improvisation nacheinander.

Die im Jazz wohl geläufigste Art, über den Blues zu improvisieren, ist die vertikale Methode, also mit akkordabhängigen Skalen zu improvisieren und diese durch gelegentlich auftretende blue notes anzureichern. Diese blue notes wechseln aber nicht mit Akkorden, sondern bleiben stets die gleichen, auf die Tonika bezogenen, in F also z.B. die Töne $A^{\flat}$, $C^{\flat}$ und $E^{\flat}$. Das Beispiel zeigt gleichzeitig eine Anwendung der guideline-Technik, um die sich die improvisierte Melodie schlängelt:

Die Akkorde sind fast alle dreistimmig ausgesetzt (bis auf G^{-7} in Takt 9). In Takt 10 ist die Dominante im Tritonus-Quart-voicing gesetzt, wodurch der Akkord $C^{7(\#9)}$ entsteht. Diese Nonenalteration ist bei der Subdominante nicht üblich, sie enthält die große None und wird als Tritonus-große Terz-voicing gespielt.

Interessant ist die Verwendung der Blues-Skala über der Dominante. Dies kann man auch in Stücken tun, die kein Blues sind, und sie somit bluesmäßig einfärben: In einer Kadenz Sp–D–T spielt man bei Sp–D die Blues-Tonleiter (der Tonika) und löst dann bei T deren kleine Terz in die große der ionischen Skala auf:

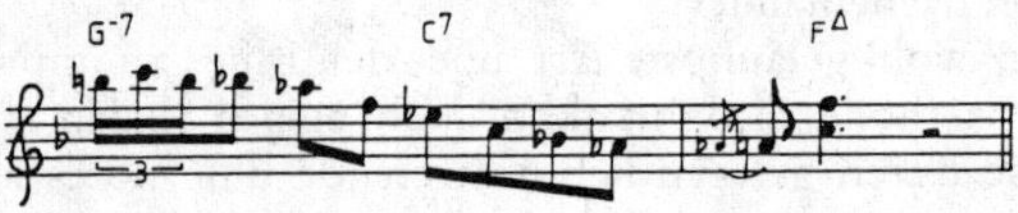

Zum Abschluß des Kapitels noch eine Blues-Variante: Man kann bei der Tonika an Stelle eines Dominantseptakkordes auch einen großen

Septakkord (oder besser noch einen $^{9}_{6}$-Akkord) spielen und zur Melodiebildung die ionische Skala (plus blue notes) verwenden. Bei der Subdominante spielen wir dagegen wieder einen Dominantseptakkord, um die blue note kleine Terz zu harmonisieren. Füllen wir nun die zwischen den Akkordtönen liegenden Töne mit Noten aus der ionischen Tonikaskala, erhalten wir die folgenden Leitern:

Die zweite Leiter enthält im Vergleich zur sonst üblichen mixolydischen die übermäßige Quarte und wird deshalb *mixolydisch* (#4) genannt. Weil die übermäßige Quarte für den lydischen Modus charakteristisch ist, wird sie auch *lydische Dominantskala* oder *lydisch* (♭*7*) genannt. Die lydische Quarte kann als Akkorderweiterungston benutzt werden, z. B.:

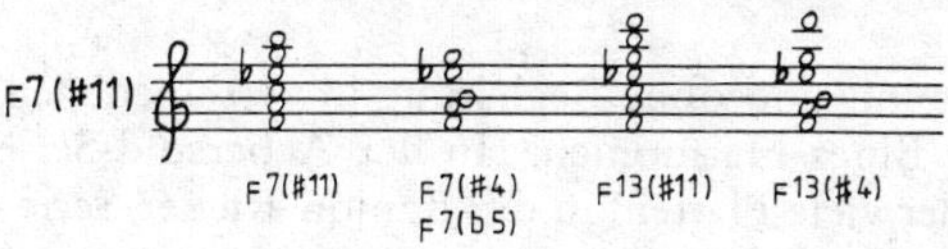

Kehren wir zu diesem Blues-Schema zurück! Im dritten Takt wird die Tonika wie im ersten gespielt, und erst im vierten tritt die kleine Sept auf:

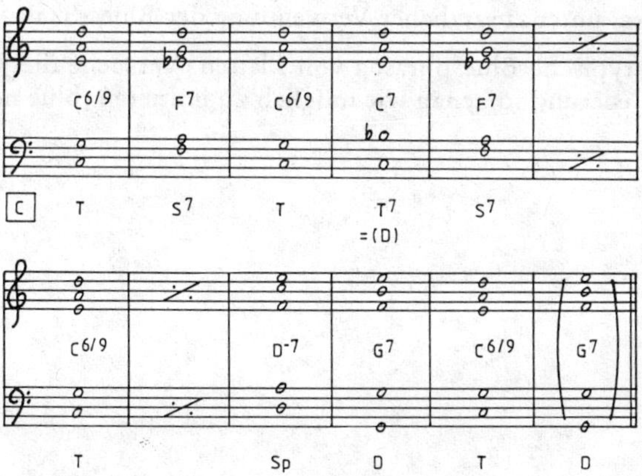

Der Tonikaakkord mit kleiner Sept wirkt jetzt gleichzeitig als *Zwischendominante* zur Subdominante F^7 (vgl. Kap. VII). Um diesen Übergang zur Subdominante noch stärker vorzubereiten, können wir auch in Takt 4 eine *Zwischenkadenz* G^{-7} C^7 spielen, also Sp–D, bezogen auf die Subdominante.

Übungen

1. Spiele die verschiedenen Blues-Schemata (nach und nach) in allen Tonarten auf den Klavier. Spiele zunächst die dreistimmigen voicings in der rechten Hand, links dazu die Grundtöne, dann voicing links, Grundtöne singen.
2. Übe nach und nach alle zwölf Blues-Skalen auf deinem Instrument.
3. Wähle eine Blues-Skala und ein Tempo aus. Singe dann in dieser Leiter eine zweitaktige Phrase und spiele sie dann sofort in den unmittelbar darauffolgenden zwei Takten auf deinem Instrument nach, usw.:

   singen nachspielen singen nachspielen ...

   Diese Übung läßt sich auch gut zu zweit machen.
4. Improvisiere mit und ohne Begleitung in verschiedenen Tonarten und Tempi über Blues-Harmonien. (In der Aebersold-Serie gibt es Blues verstreut über viele Platten, in der Ramon-Ricker-Serie eine Platte mit Blues in allen Tonarten.)
   Improvisiere:
   a) horizontal
   b) vertikal
   c) vertikal unter zusätzlicher Verwendung der Blues-Skala
5. Sammle typische Bluesphrasen von Platten. Versuche die Tonbildung und Phrasierung so genau wie möglich zu imitieren (blue notes!).

Der im IV. Kapitel beschriebene (streng) diatonische Tonraum wird im Jazz nur selten in reiner Form benutzt. Meist treten zu den dort erwähnten Klängen noch andere hinzu, die das harmonische Geschehen spannungsvoller, farbiger machen, ohne daß dabei das Gefühl der Tonalität verlorengeht. Den so entstehenden Tonraum nennen wir erweitert-diatonisch.

Das erste Mittel zur Erweiterung des Tonraumes sind Zwischendominanten. Hierunter verstehen wir Dominantseptakkorde, die sich in einen eine reine Quinte tiefer stehenden Klang auflösen, der nicht Tonika ist. Oder – andersherum ausgedrückt – vor jedem Akkord kann der eine Quinte höher stehende Dominantseptakkord gespielt werden. Dieser nicht zum diatonischen Akkordmaterial gehörende Klang schafft eine harmonische Spannung, die sich im allgemeinen unmittelbar danach auflöst. Wie die Hauptdominante weist also auch die Zwischendominante in die Zukunft, während es für ihre Einführung keine Regeln gibt. Bezeichnet wird die Zwischendominante mit einem eingeklammerten D, hinter dem die Funktion steht, in die sie sich auflöst, z. B. (D) Tp.

Wir betrachten nun die wichtigsten Formen der Zwischendominanten:

1. Doppeldominante

Als *Doppeldominante* wird die Dominante der Dominante bezeichnet: (D) D; für sie gibt es noch ein anderes Zeichen: Ḏ. Ein Beispiel für ihre Verwendung:

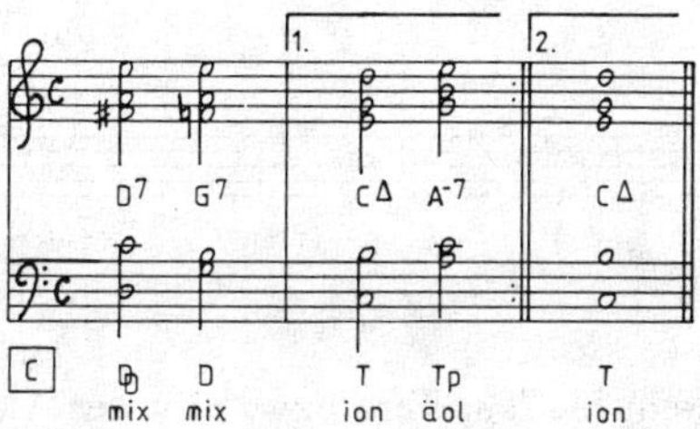

Wir hören, daß die Verbindung Ḏ D T eine Klangverschärfung der Kadenz Sp D T ist.

Hier ein Beispiel aus dem Stück ›Take the »A«-Train‹ von Billy Strayhorn:

Wir sehen, daß bei der Doppeldominante D^7 die Quarte bzw. Undezime G des Akkordes zu $G^\#$ hochalteriert ist, was sehr oft gemacht wird, vor allem von Bebop-Musikern. Weiter sehen wir, daß die Doppeldominante sich hier nicht unmittelbar in die Dominante auflöst, sondern die Subdominantparallele vorhaltsmäßig dazwischengeschoben wird. In der Melodie ist deutlich eine guide-line zu erkennen:

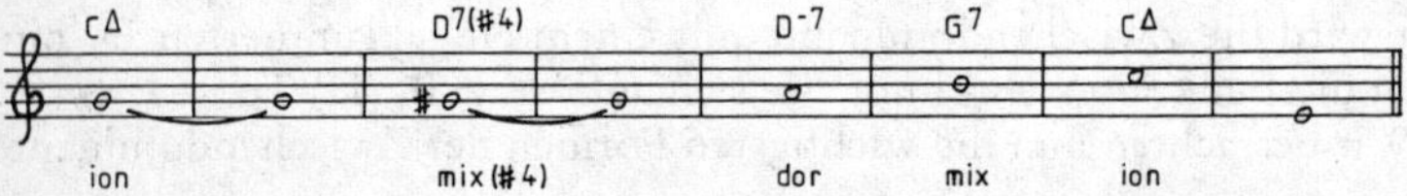

Der Doppeldominante kann ihrerseits wieder eine Zwischendominante vorausgehen, die manchmal als Dreifachdominante DDD bezeichnet wird und so fort. Es kann zu ganzen Ketten von Dominantseptakkorden kommen. Bekanntes Beispiel ist der Mittelteil des standards ›I Got Rhythm‹ (mit guide-line):

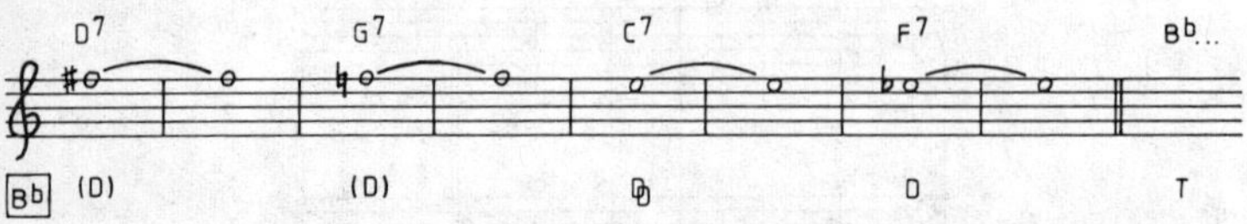

Die guide-line besteht hier aus Terz bzw. Sept der Akkorde und ist eine chromatische Tonleiter. (Schreibe eine guide-line, die mit der Sept C von D^7 beginnt.)

Wir bilden eine für die Doppeldominante geeignete Skala durch Einbetten der akkordeigenen Töne in den diatonischen Kontext, im Beispiel C-dur also:

Es ergibt sich die mixolydische Leiter auf D. Mixolydische Skalen lassen sich auch bei entfernteren Mehrfachdominanten verwenden. Eine Variante diskutieren wir weiter unten in diesem Kapitel. Wird die Undezime in der Doppeldominante hochalteriert, übernehmen wir diese Alteration für die Skala und erhalten mixolydisch (#4):

Die Doppeldominante hat die gleichen Akkorderweiterungstöne wie die Dominante (vgl. Tabelle 1, s. S. 21) sowie zusätzlich die #11.

2. Zwischendominante zur Subdominante

Durch Hinzufügen der kleinen Sept zum Tonikadreiklang kann dieser zur Zwischendominante der Subdominante werden:

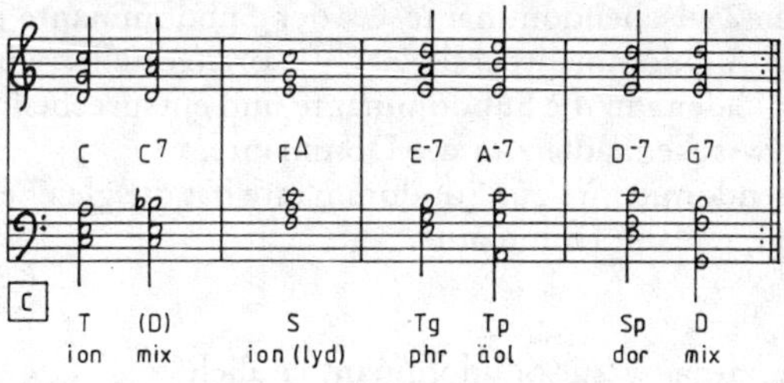

Als Skala ergibt sich hier – ähnlich wie im Abschnitt VI/1 gezeigt – die mixolydische Leiter; die darauffolgende Subdominante kann mit der ionischen Skala gespielt werden, das in Takt 1 eingeführte $B^\flat$ bleibt also in Takt 2 erhalten. Hierdurch bekommt die Akkordverbindung den Charakter einer *Ausweichung* nach F-dur, die hier jedoch im nächsten Takt durch die phrygische Leiter auf E sofort zurückgenommen wird. Will man den subdominantischen Charakter von F^Δ unterstreichen, spielt man nur in der zweiten Hälfte von Takt 1 $B^\flat$ und verwendet dann wieder das zu F-lydisch gehörende B.

Betrachten wir als Beispiel die *bridge,* d.h. den B-Teil des in AABA-Form geschriebenen Stückes ›Satin Doll‹ von Billy Strayhorn, Duke Ellington und Johnny Mercer: Der A-Teil steht in C-dur und endet mit dem Akkord C$^{\triangle}$. Dann geht es weiter:

© Connelly-Musikverlag
Dr. Hans Sikorski KG, Hamburg

Hier wird der Zwischendominante C^7 der Subdominante F$^{\triangle}$ noch die entsprechende Subdominantparallele G^{-7} vorangestellt; wir haben hier eine Zwischenkadenz in die Subdominante und entsprechend in den Takten 5–8 eine Zwischenkadenz in die Dominante.

Die Zwischendominante zur Subdominante hat die gleichen Akkorderweiterungstöne wie die Dominante.

3. Zwischendominante zur Subdominantparallele

Als Beispiel betrachten wir die Folge:

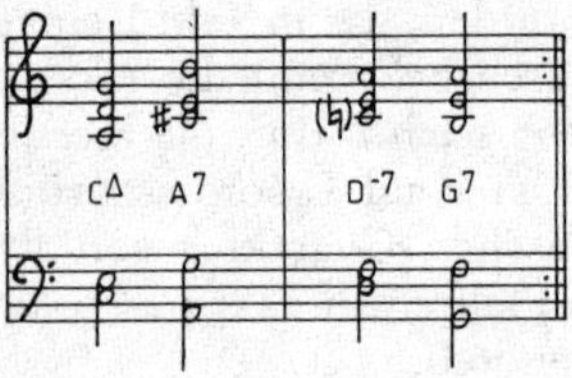

Diese Figur ist das Grundmodell eines *turnarounds.* Hierunter versteht man eine zweitaktige Akkordverbindung, die am Ende einer Strophe (oder eines Strophenabschnitts) gespielt wird; er besteht aus vier Akkorden, beginnt mit der Tonika oder dem Tonikagegenklang und endet mit der Dominante oder einem ihrer Vertreter.

Durch das Einbettungsverfahren erhalten wir als Skala für diese Zwischendominante *mixolydisch* (♭6):

Man kann die Quinte der Zwischendominante zur Subdominantparallele durch die kleine Sexte (oder auch ♭13) ersetzen; es entsteht dann klanglich ein *übermäßiger Dominantseptakkord*:

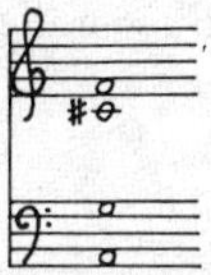

Gelegentlich wird die große None zu diesem Akkord hinzugefügt, häufiger die kleine oder die übermäßige None (vgl. unten Punkt 4).

Eine Variante des oben angegebenen turnarounds ist:

E^{-7}	A^{7}	D^{-7}	G^{7}
Tg	(D)	Sp	D
(Sp	D)	Sp	D

In der oberen Funktionsanalyse (*tonale Sequenz*) wird E^{-7} als Tonikagegenklang interpretiert, die Skalenfolge wäre also bei dieser Interpretation phrygisch-mixolydisch (♭6) – dorisch-mixolydisch. Die untere Funktionsanalyse interpretiert die Folge dagegen als *reale Sequenz*: zunächst ein Kadenzpaar aus D-dur, dann eins aus C-dur. Skalenfolge jetzt: dorisch-mixolydisch-dorisch-mixolydisch. Beide Interpretationen sind möglich; die erste benutzt weniger tonartfremde Töne (nämlich nur das $C^{\#}$ bei A^{7}, ist also »diatonischer«, die zweite ist chromatischer, weil den ganzen ersten Takt über $F^{\#}$ und $C^{\#}$ gespielt werden; Vorteil dieser Interpretation ist, daß E^{-7} mit (großer) None $F^{\#}$ gespielt werden kann:

4. Zwischendominante zur Tonikaparallele

Hier ein Beispiel:

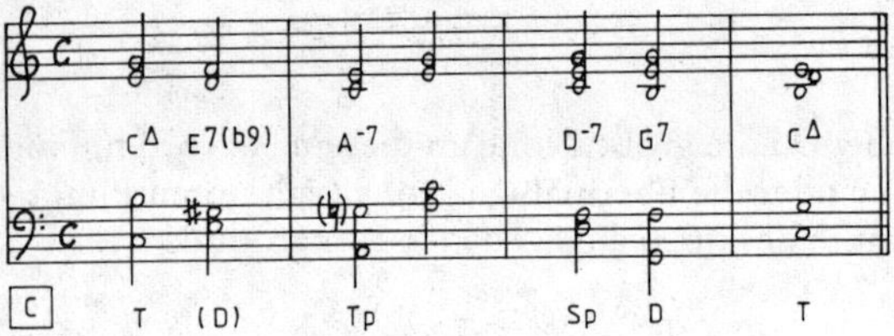

Die leitereigene None des Dominantseptakkordes auf der III. Stufe ist klein und löst sich halbtonweise nach unten auf. Anstelle der kleinen None kann auch die kleine Dezime stehen, die ja im Jazz üblicherweise als übermäßige None (#9) bezeichnet wird. Sie löst sich eine kleine Terz tiefer in die Quinte der Tonikaparallele auf; dabei wird die kleine None oft als Durchgangston verwendet:

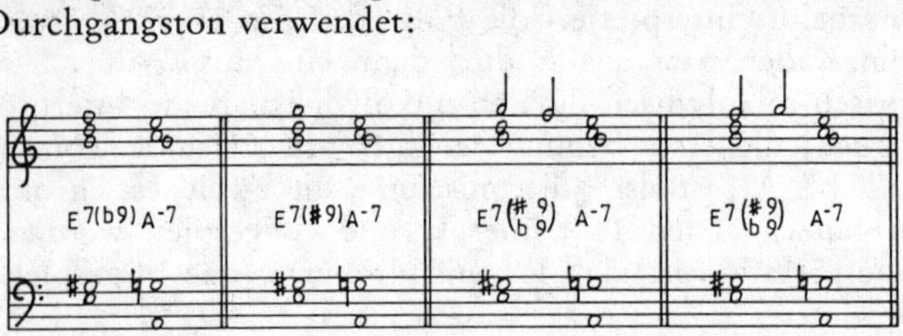

Wie schon bei der Zwischendominante zur Subdominantparallele kann auch hier die Quinte des Akkordes durch die kleine Sexte (oder kleine Tredezime) ersetzt werden:

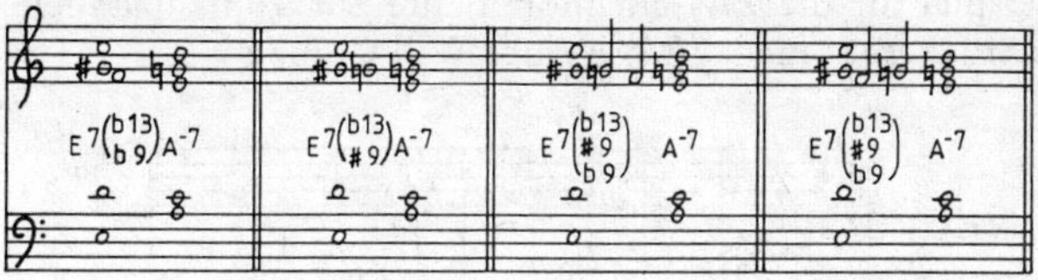

Beim voicing ist zu beachten, daß die #9 entweder über der großen Terz liegt oder eine kleine Sekunde unter ihr, nicht aber eine kleine None unter ihr, da in Jazzakkorden das Intervall kleine None nur im Dominantseptakkord mit kleiner None zwischen Grundton und kleiner None verwendet wird (vgl. S. 22).

Betten wir den Akkord in den diatonischen Kontext ein, so erhalten wir als Skala:

Diese aus acht Tönen bestehende Leiter können wir als *Flamenco-Skala* bezeichnen, weil sie gerade die Töne der *Flamenco-Kadenz* enthält:

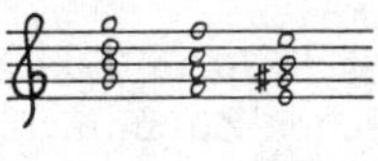

In der Flamenco-Skala auf E enthalten ist der 5. Modus der *harmonischen Molltonleiter* auf A:

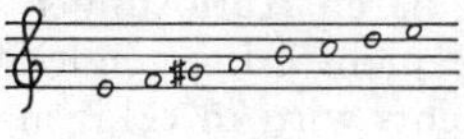

Bis auf die Quarte A sind alle Töne der Flamenco-Leiter Akkorderweiterungstöne von $E^{7(\flat 9)}$. Spielen wir die Skala allerdings vom E an lückenlos aufwärts, dann wirkt der Ton $G^{\#}$ als chromatische Durchgangsnote. Wir können dies vermeiden, indem wir nicht zwei Halbtonschritte nacheinander spielen, sondern z. B. solche Wendungen benutzen:

Als Beispiel für die Zwischendominante zur Tonikaparallele der Anfang des Stückes ›Someday My Prince Will Come‹:

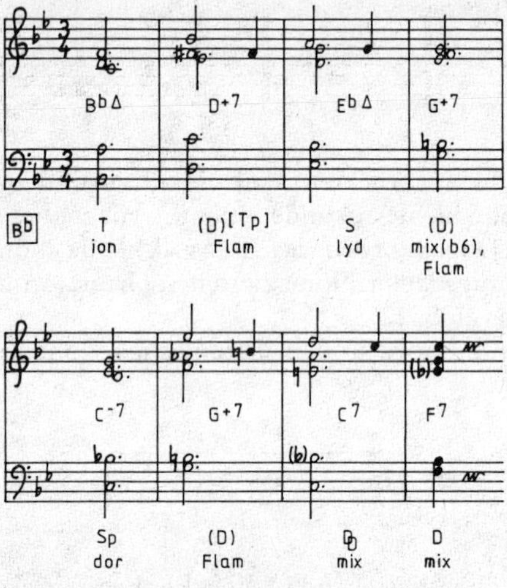

Nach der Tonika $B^{\flat}$-dur erscheint in Takt 2 der Akkord D^{+7}. Aus der Melodie und dem harmonischen Zusammenhang ergibt sich, daß es sich nicht um einen echten übermäßigen Dominantseptakkord $D - F^{\#} - A^{\#} - C$ handelt, sondern um $D^{7(\flat 13)}$, zu dem die kleine None hinzugefügt werden kann. D^7 ist die Zwischendominante zur Tonikaparallele G^{-7}, die aber nicht erscheint, sondern durch die Subdominante $E^{\flat\triangle}$ ersetzt wird. Solche überraschenden irregulären Auflösungen von Dominanten werden *Trugschluß* genannt. (Die nicht erklingende Funktion, auf die sich die Zwischendominante bezieht, wird in eckigen Klammern hinter ihr notiert.)

Bei dem als G^{+7} bezeichneten Akkord handelt es sich wieder um den Akkord $G^{7(\flat 13)}$, der Zwischendominante zur Subdominantparallele C^{-7} ist. Wie schon im Abschnitt VI/3 erwähnt, wird diesem Akkord selten die (leitereigene) große None, sondern eher die kleine oder übermäßige hinzugefügt. Als Improvisationsskala ergibt sich dann die Flamenco-Leiter. Der Akkord G^{+7} in Takt 6 wirkt zunächst als nochmaliges Auftreten der Zwischendominante des Mollseptakkordes C^{-7}, wird dann aber in den Dominantseptakkord C^7 aufgelöst, der seinerseits in B♭-dur Doppeldominante ist und sich regulär in die Dominante F^7 auflöst.

5. Zwischendominante zum Tonikagegenklang/Dominantparallele

Ein denkbares Beispiel für eine Akkordfolge mit diesem Klang:

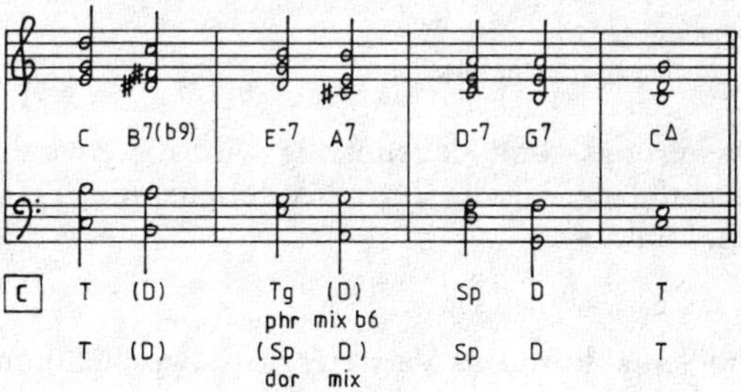

In der obenstehenden Akkordanalyse wird E^{-7} rechnerisch richtig als Tg bezeichnet; diese Benennung entspricht aber nicht meinem Höreindruck. Dieser wird besser durch die untere Bezeichnung wiedergegeben, in der | E^{-7} A^7 | D^{-7} G^7 | als reale II–V-Sequenz interpretiert wird mit der Skalenfolge E-dorisch, A-mixolydisch, D-dorisch, G-mixolydisch. Dagegen wirkt die Verwendung von E-phrygisch gemäß der ersten Analyse hier künstlich. Der leitereigene Vierklang auf der III. Stufe wirkt eigentlich nur als Tonikavertreter, wenn ihm der Dominantseptakkord vorausgeht wie hier:

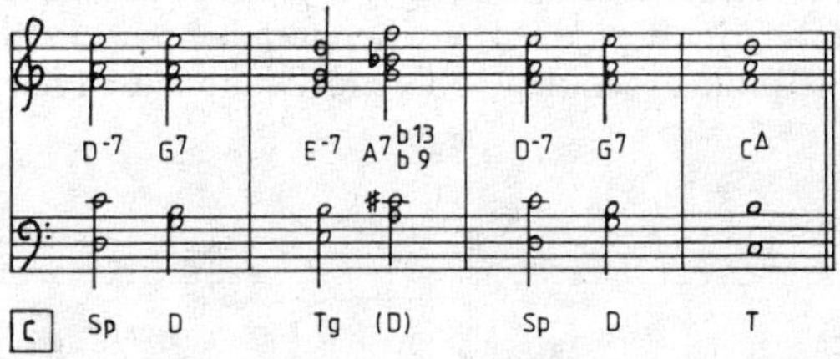

Vielleicht liegt es hieran, daß es kaum Beispiele für Kompositionen gibt, die die Folge (D) Tg enthalten. Häufig dagegen wird die Zwischendominante zum Tonikagegenklang trugschlußartig in die Tonika aufgelöst, wie z. B. in dem Stück ›I Remember You‹:

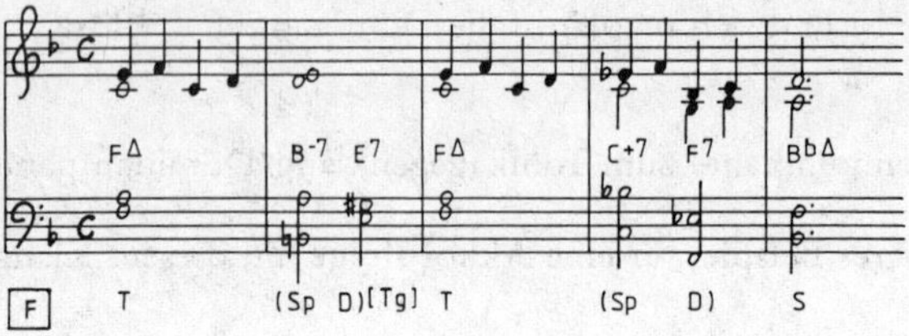

Akkorderweiterungs- und skalenmäßig wird die Zwischendominante zum Tonikagegenklang wie die Zwischendominante der Tonikaparallele behandelt (vgl. Punkt 4).

6. Verminderte Septakkorde als Vertreter von Zwischendominanten

Spielen wir einen Dominantseptakkord mit kleiner None und lassen den Grundton weg, so erhalten wir einen *verminderten Septakkord*:

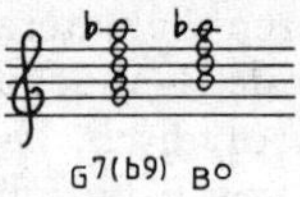

Er besteht aus drei aufeinandergeschichteten kleinen Terzen und kann den Akkord, aus dem er hervorgegangen ist, also den Dominantseptakkord eine große Terz tiefer, grundsätzlich überall vertreten; er wird mit D^{v} bezeichnet. Meist tritt er allerdings im Jazz auf den Stufen #I, #II und #IV auf und vertritt dort die Zwischendominanten zur Subdominantparallele, zum Tonikagegenklang oder zur Dominante. Hier drei typische Beispiele:

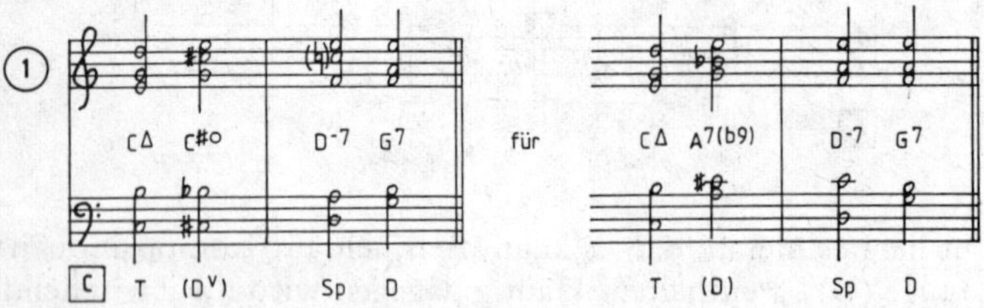

(2)

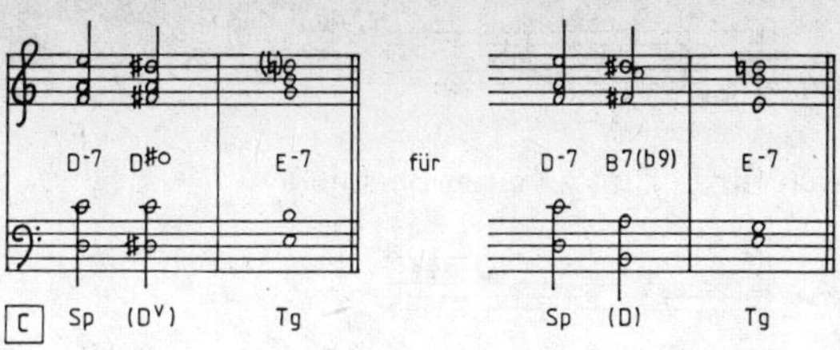

(3)

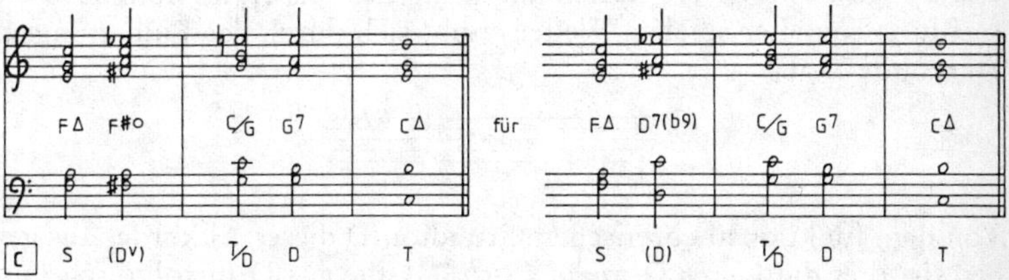

Der verminderte Septakkord kann also dafür eingesetzt werden, chromatische Baßlinien zu erzeugen, da er sich ja in einen Dur- oder Mollakkord einen Halbton höher auflöst. Spielen wir hintereinander ein Beispiel mit Zwischendominante und dann mit dem entsprechenden verminderten Septakkord, hören wir, daß dieser tatsächlich die Funktion des ersten Akkordes vertritt, gleichwohl ein deutlicher Klangunterschied besteht: Die ursprünglichen Dominantseptnonenakkorde klingen kräftiger, spannungsreicher (sie sind ja durch die kleine None auch dissonanter), während die verminderten Septakkorde weicher klingen und neben ihrer Funktion als Vertreter von Zwischendominanten noch den Charakter von chromatischen Durchgangsakkorden besitzen. Wir werden später Beispiele (s. S. 105ff.) betrachten, in denen sich diese Eigenschaft verselbständigt und von dem ursprünglichen Funktionszusammenhang gelöst hat.

Während sich in unseren ersten beiden Beispielen die verminderten Septakkorde erwartungsgemäß auflösen, geschieht dies im dritten nicht unmittelbar: Der Akkord $F^{\#o}$ löst sich nicht sogleich nach G^7 auf, sondern zunächst in den Vorhaltsakkord C/G, dann erst nach G^7. C/G ist aus der Generalbaßzeit als *kadenzierender Quartsextakkord* bekannt. Durch seine Verwendung wird das Eintreten der Dominante verzögert und dadurch erreicht, daß sie – wie üblich – auf leichterer Taktzeit steht.

Die zu den verminderten Septakkorden passenden Skalen können wir durch Zurückführen auf die Dominantseptakkorde erhalten, die sie vertreten: So vertritt $C^{\#o}$ im ersten Beispiel $A^{7(\flat 9)}$, die Zwischendominante zur Subdominantparallele. Zu $A^{7(\flat 9)}$ paßt die A-Flamenco-Skala, zu $C^{\#o}$ also der auf dem Ton $C^{\#}$ beginnende Modus dieser Leiter:

Entsprechend ergibt sich für $D^{\#o}$ im zweiten Beispiel:

Für $F^{\#o}$ gibt es mehrere Skalenmöglichkeiten. Als erstes können wir die C-Blues-Tonleiter spielen. Weiter ergibt sich durch das Einbettungsverfahren die Skala:

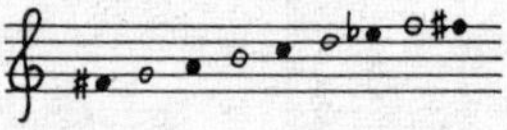

Von dem funktionstheoretischen Grundton D dieses Akkordes aus gesehen, ist dies die Leiter D-*mixolydisch* $\binom{\#9}{\flat 9}$, die aus D-mixolydisch durch Ersetzen der großen None E durch die Töne $E^{\flat}$ und F entsteht:

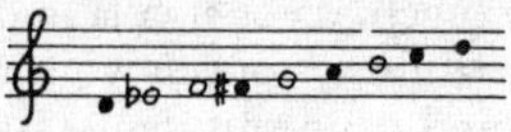

Die von $F^{\#}$ aus gebildete Skala unterscheidet sich nur noch in einem Ton von der *Ganzton-Halbton-Leiter* (GH):

Wie der Name sagt, handelt es sich um eine symmetrische Tonleiter, die abwechselnd aus Ganzton- und Halbtonschritten aufgebaut ist. Sie besteht aus zwei ineinandergeschachtelten verminderten Septakkorden (hier $F^{\#o}$ und $G^{\#o}$). So wie es bis auf die enharmonische Vertauschung (z. B. $F^{\#}$ enharmonisch gleich $G^{\flat}$) nur drei verschiedene verminderte Septakkorde gibt, so gibt es auch nur drei echt verschiedene Ganzton-Halbton-Leitern:

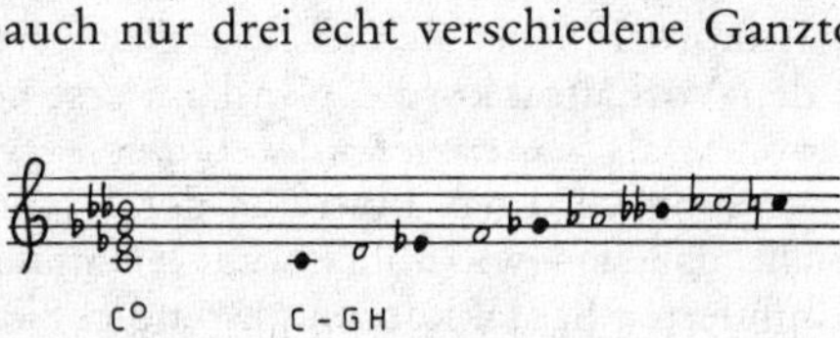

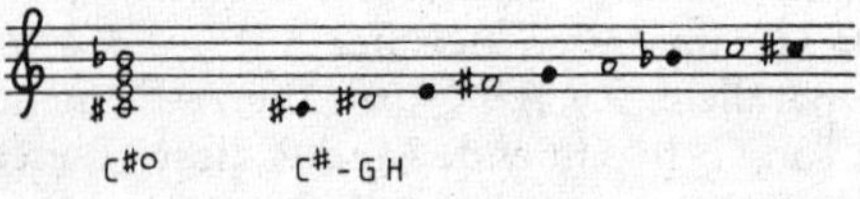

So scheinen sich der verminderte Septakkord und die Ganzton-Halbton-Leiter durch ihren jeweiligen symmetrischen Aufbau und ihre enharmonische Umdeutbarkeit in idealer Weise zu entsprechen. In der Tat gibt es viele Jazzmusiker, die bei verminderten Septakkorden grundsätzlich die Ganzton-Halbton-Leiter benutzen. Durch ihren symmetrischen Aufbau entfernt sie sich allerdings mehr von der zugrundeliegenden Tonalität als die Modi der Flamenco-Skala, wie das folgende Beispiel zeigt:

Phrase mit C# - GH

gleiche Phrase mit A-Flamenco

Im Kapitel IX kommen wir noch einmal auf den verminderten Septakkord als chromatischen Durchgangsakkord zurück: in diesem Fall paßt die Ganzton-Halbton-Leiter ideal zum verminderten Septakkord.

In Tabelle 4 sind noch einmal alle Zwischendominanten und die sie vertretenden verminderten Septakkorde mit Akkorderweiterungen und Skalen zusammengestellt:

Tabelle 4

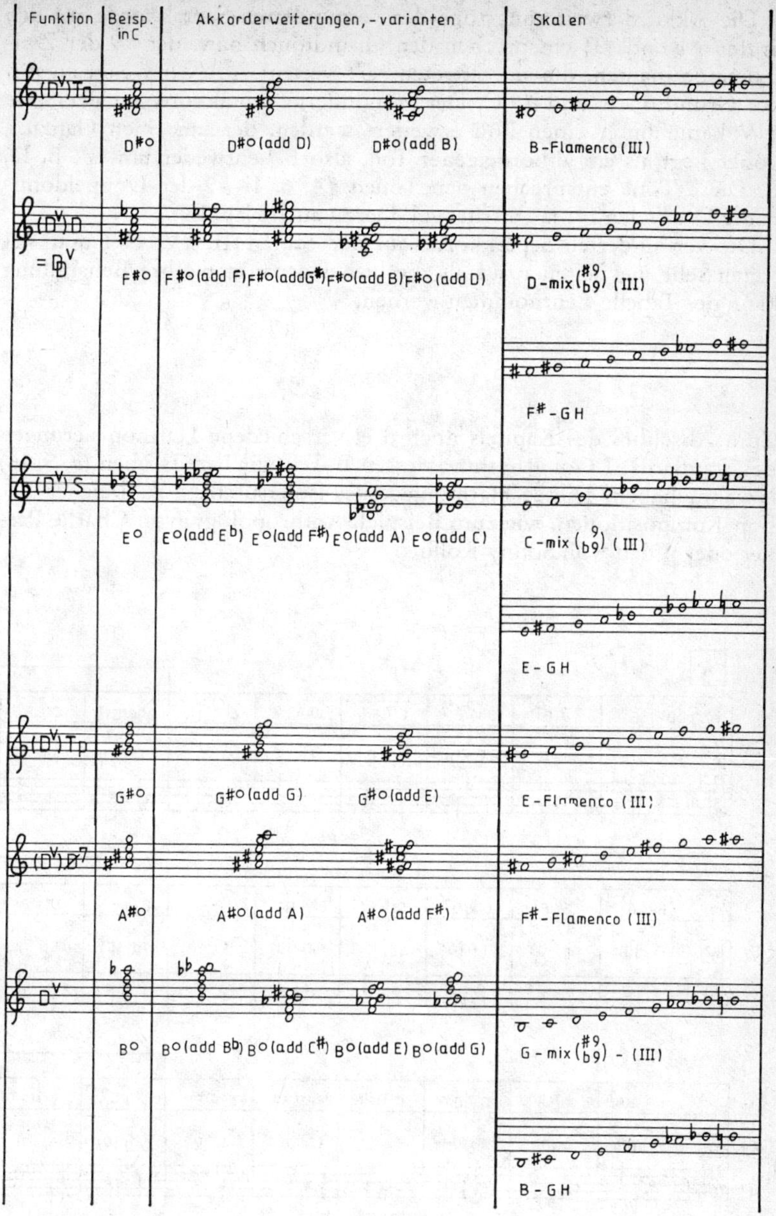
Funktion
Beisp. in C
Akkorderweiterungen, -varianten
Skalen
(D^V)Tg
D#o
D#o (add D)
D#o (add B)
B-Flamenco (III)
(D^V)D = D^V
F#o
F#o (add F)
F#o (add G#)
F#o (add B)
F#o (add D)
D-mix (#9 b9) (III)
F# - GH
(D^V)S
Eo
Eo (add Eb)
Eo (add F#)
Eo (add A)
Eo (add C)
C-mix (9 b9) (III)
E - GH
(D^V)Tp
G#o
G#o (add G)
G#o (add E)
E-Flamenco (III)
(D^V)D^7
A#o
A#o (add A)
A#o (add F#)
F#-Flamenco (III)
D^V
Bo
Bo (add Bb)
Bo (add C#)
Bo (add E)
Bo (add G)
G - mix (#9 b9) - (III)
B - GH

Die Akkorderweiterungstöne der verminderten Septakkorde auf den Stufen #I und #II entsprechen den Grundtönen bzw. der #9 der Zwischendominanten, die sie vertreten: $C^{\#o}$ vertritt $A^{7(\flat 9)}$, Erweiterungstöne: Grundton A und #9 C. Der verminderte Septakkord auf der Stufe #IV kann um je einen Ton erweitert werden, der um einen Ganzton höher liegt als ein akkordeigener Ton, also $F^{\#o}$ entweder um $G^{\#}$, B, D, F. Diese Töne entsprechen den Tönen #4, 6, 1, #9 der Doppeldominante $D^{7(\flat 9)}$, den $F^{\#o}$ ja vertritt (vgl. hierzu auch Kap. IX).

Die verminderten Septakkorde auf den Stufen III, #V, #VI und VII treten sehr viel seltener auf als die bisher genannten. Ihre Behandlung kann der Tabelle 4 entnommen werden.

Zum Abschluß des Kapitels noch drei verschiedene Harmonisierungen des standards ›I Got Rhythm‹, dessen B-Teil wir bereits oben (s. S. 46) erwähnt haben. Dieses Harmoniegerüst ist Grundlage zahlreicher Bebop-Kompositionen, wie zum Beispiel ›Anthropology‹ von Charlie Parker oder ›Oleo‹ von Sonny Rollins.

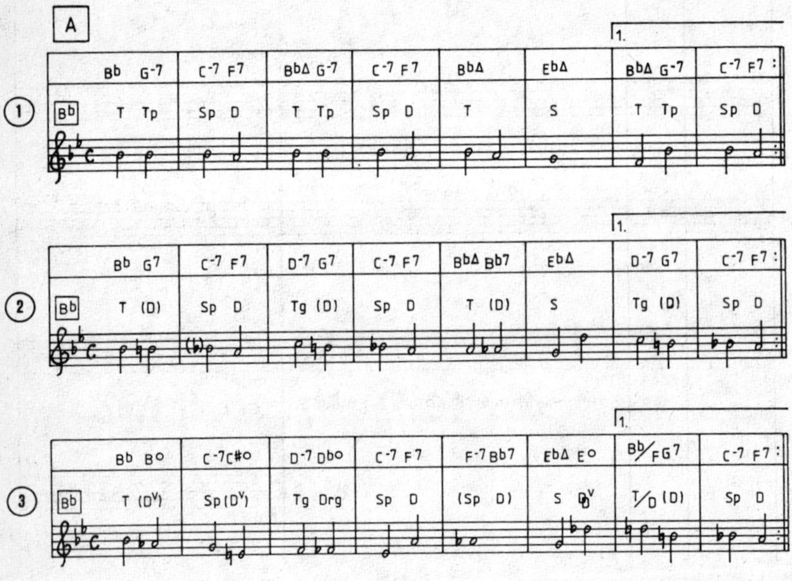

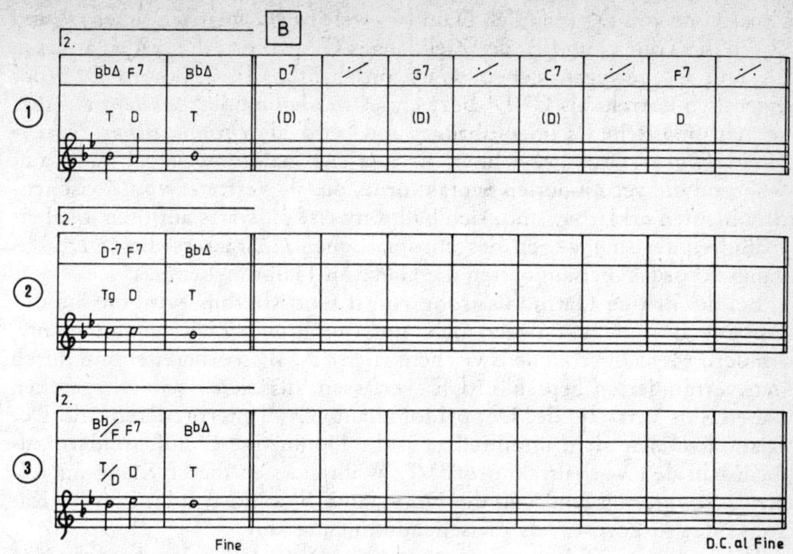

Die erste Fassung verwendet ausschließlich diatonisches Akkordmaterial, die zweite auch Zwischendominanten, die dritte darüber hinaus auch verminderte Septakkorde.

In der zweiten Fassung ist die Tp G^{-7} in den Takten 1, 3 und 7 durch die Zwischendominante G^{7} ersetzt, die Subdominante $E^{\flat\triangle}$ wird durch die Zwischendominante $B^{\flat 7}$ vorbereitet, die darauffolgende Tonika $B^{\flat\triangle}$ wird – wie schon in Takt 3 – durch den Tonikagegenklang D^{-7} ersetzt, wodurch der Baß einen zusätzlichen Quintschritt macht.

In der dritten Fassung wird zunächst in Takt 1 die Zwischendominante G^{7} durch den entsprechenden verminderten Septakkord B^{o} ersetzt. $C^{\# o}$ in Takt 2 hingegen ist nicht direkt aus F^{7} hervorgegangen (der entsprechende Akkord wäre ja A^{0}), sondern aus der Zwischendominante A^{7} des Tonikagegenklangs D^{-7}. Noch komplizierter wird es im nächsten Takt: $D^{\flat o}$ ist nicht nur nicht aus G^{7} hervorgegangen (der entsprechende Akkord wäre ja B^{o}), sondern kann überhaupt nicht als Vertreter einer Zwischendominante erklärt werden. Selbst wenn wir enharmonische Umdeutungen zulassen, kommen ja nur die vier Akkorde $A^{7(\flat 9)}$, $C^{7(\flat 9)}$, $E^{\flat 7(\flat 9)}$ oder $F^{\# 7(\flat 9)}$ in Frage. Keiner dieser Klänge kann als Zwischendominante zu C^{-7} interpretiert werden. Sehen wir uns die Stelle in Noten an:

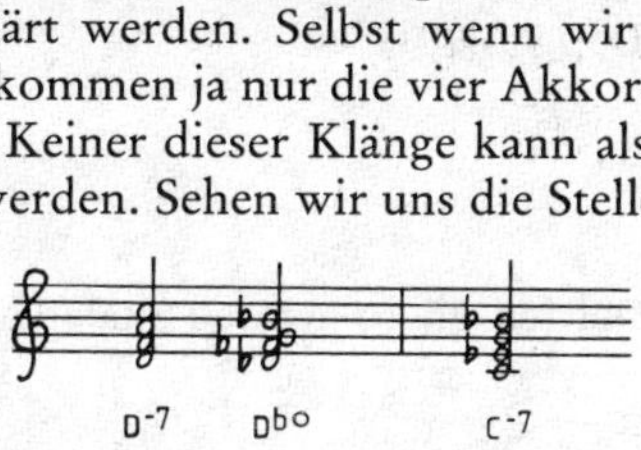

Zwei Töne von D^{-7} (nämlich D und F) werden chromatisch (über $D^{\flat}$ und $F^{\flat}$) in die Töne C und $E^{\flat}$ des Zielklanges C^{-7} geführt, die beiden anderen (A und C) bewegen sich in Ganztonschritten. Der Akkord $D^{\flat o}$ (der eigentlich korrekt als $G^{o}/D^{\flat}$ bezeichnet werden müßte) entsteht aus dieser chromatischen Linienführung und wird als *chromatischer Durchgangsakkord* (Drg) bezeichnet. Er löst sich halbtonweise abwärts auf, während die verminderten Septakkorde, die als Vertreter von Zwischendominanten erklärbar sind, sich halbtonweise aufwärts auflösen. Skalenmäßig eignet sich wegen des chromatischen Charakters dieses Durchgangsakkordes hier am besten die Ganzton-Halbton-Leiter.

Bei der dritten Harmonisierung von ›I Got Rhythm‹ wird die Subdominante $E^{\flat\triangle}$ in Takt 6 hier nicht nur durch eine Zwischendominante, sondern sogar durch eine Zwischenkadenz F^{-7} $B^{\flat 7}$ vorbereitet und durch den verminderten Septakkord E^{o} verlassen, der sich – wie wir gesehen haben – als Vertreter der Doppeldominante $C^{7(\flat 9)}$ interpretieren läßt. Der Klang löst sich nicht unmittelbar in die Dominante F^{7} auf, sondern zunächst in den Vorhaltsakkord $B^{\flat}/F$. Während sich dieser Klang im Kasten 2 erwartungsgemäß in die Dominante F^{7} auflöst, folgt ihm im Kasten 1 der Akkord G^{7} als Zwischendominante zu C^{-7}.

Die zur dritten Harmonisierung passende guide-line verdeutlicht den chromatischen Charakter dieser Akkordfolge.

Der Mittelteil des Stückes besteht aus einer Kette von Zwischendominanten, über die wir am einfachsten mit den jeweiligen mixolydischen Skalen improvisieren können. Doch wir verfügen über eine noch andere Möglichkeit: Spielen wir nach dem zweiten A-Teil, der auf der Tonika $B^{\flat\triangle}$ endet, den Akkord D^{7}, so erwartet unser Ohr vielleicht, daß er sich in die Tonikaparallele G^{-7} auflöst. Diese Interpretation von D^{7} als Zwischendominante zu G^{-7} können wir stärken, indem wir den Akkord mit kleiner oder übermäßiger None $E^{\flat}$ bzw. F und eventuell kleiner Tredezime $B^{\flat}$ statt der Quinte A spielen und beim Improvisieren die D-Flamenco-Leiter benutzen. Wenn sich der Akkord dann überraschend nach G^{7}, anstatt nach G^{-7}, auflöst, kann es sein, daß wir immer noch $B^{\flat}$ als Tonika empfinden und G^{7} dann als Zwischendominante zu C^{-7} (Sp) hören, die sich dann – wiederum überraschend – in die Doppeldominante C^{7} auflöst. Dieser harmonischen Interpretation würde die Verwendung der Skala G-mixolydisch ($\flat$6) entsprechen.

Übungen

1. Schreibe in allen Tonarten die folgenden Skalen auf:
   mixolydisch (#4)
   mixolydisch ($\flat$6)

mixolydisch ($\binom{\sharp 9}{\flat 9}$)
Flamenco
GH
Übe die Leitern auf deinem Instrument.
Singe sie; finde in Tabelle 4 (S. 58) Akkorde, zu denen sie passen; spiele den Akkord auf dem Klavier, singe die Skala dazu.

2. Um welche Skalen handelt es sich?

3. Bilde die folgenden Akkorde:

$C^{7(\flat 5)}$	$G^{9(\flat 13)}$	$F^{\sharp 7(\flat 9)}$
$B^{\flat 7(\sharp 9)}$	$F^{7\binom{\flat 13}{\sharp 9}}$	$C^{\sharp 7\binom{\flat 13}{\flat 9}}$
$A^{o(\text{add } A\flat)}$	$E^{\flat 9(\flat 13)}$	$A^{\flat 7(\sharp 11)}$

Finde geeignete Klavier-voicings: a) fünfstimmig mit Grundton
b) vierstimmig ohne Grundton

4. Benenne die folgenden Akkorde:

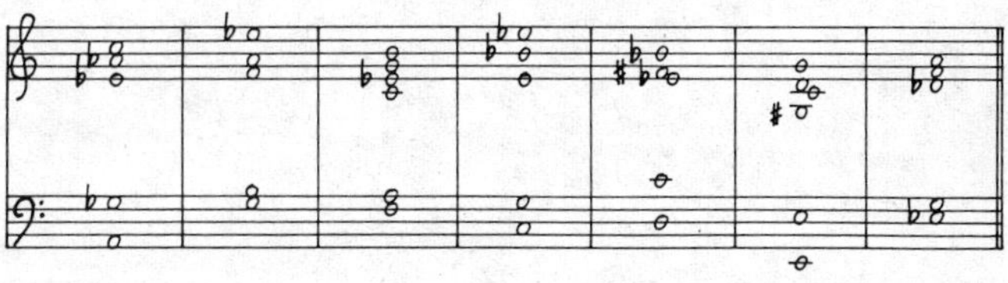

5. Setze die folgende Funktionsfolge fünfstimmig für Klavier aus und schreibe eine passende Meoldie.

B♭	4/4	‖ T Tp	Sp D^7 (D^v)	Tp S	Tg (D^7)	
		Sp D^7	(D^v)	Tp DD	Sp D^7	T ‖

6. Setze die folgenden Changes fünfstimmig für Klavier aus und analysiere sie (Tonart, Funktion der Akkorde, Skalen). Schreibe eine guide-line und eine sie umspielende Improvisation.

‖: C^{Δ}	$E^{7(\flat 9)}$	F^{Δ}	$E^{7(\flat 9)}$	
A^{-7}	D^7	D^{-7} G^7	1. C^{Δ} G^7 :‖	
			2. C^{Δ}	‖
‖ C^7	G^{-7} C^7	F^{Δ}	⁒	
D^7	A^{-7} D^7	G^7	D^{-7} G^7	‖
			D.C. al 2.	

7. Schreibe eine achttaktige Akkordfolge mit Zwischendominanten und verminderten Septakkorden und eine dazu passende Melodie.

8. Finde changes, die zu der folgenden Melodie passen:

9. Erweitere das Blues-Schema mit Kadenzschluß durch den Einsatz von Zwischendominanten und eventuell verminderten Septakkorden.

VII. Diatonische Akkorde und Akkordverbindungen in Moll

1. Das Skalen- und Akkordmaterial

Im Mollbereich liegen die Verhältnisse nicht so klar vor wie in Dur. Das Problem beginnt schon mit der Frage: Was ist »die« Molltonleiter? Während wir mit Fug und Recht von »der« Durtonleiter sprechen können, ist dies in Moll nicht so eindeutig. Beginnen wir unsere Untersuchungen mit der sogenannten *reinen Molltonleiter,* die dem äolischen Modus entspricht:

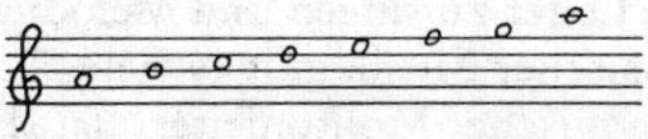

Sie hat – wie alle Molltonleitern – die kleine Terz; typisch für das reine Moll sind die kleine VI. und VII. Stufe. Bilden wir analog zu Dur die leitereigenen Dreiklänge auf den Stufen I, IV und V und verbinden sie zur (klassischen) äolischen Mollkadenz:

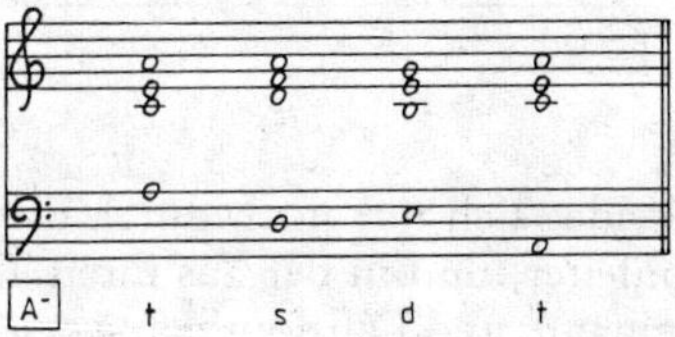

Wir sehen, daß alle drei Hauptfunktionen Molldreiklänge sind. Sie werden mit kleinen Buchstaben bezeichnet. Die Verbindung d–t ist nicht so stark wie D–T in Dur, weil der Leittonschritt von der VII. zur VIII. Stufe im reinen Moll fehlt. Spielen wir zum Vergleich die (klassische) harmonische Mollkadenz mit der Durdominante:

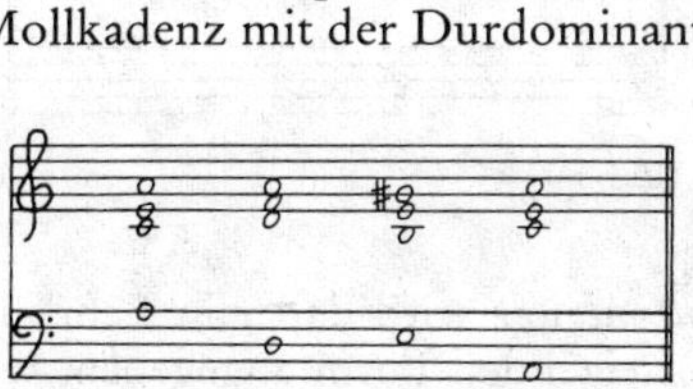

Wir stellen fest, daß wir wieder ein starkes Spannungsgefälle von der Dominante zur Molltonika haben. Doch müssen wir diesen harmonischen Vorteil durch einen melodischen Nachteil bezahlen: Sammeln wir nämlich die Töne aus der harmonischen Mollkadenz und reihen sie als Skala auf, so erhalten wir die *harmonische Molltonleiter* mit der charakteristischen übermäßigen Sekunde zwischen VI. und VII. Stufe:

Wenn wir den übermäßigen Sekundschritt als »melodischen Nachteil« bezeichnet haben, ist dies natürlich eine ästhetische Wertung aus der Entstehungszeit dieser Leiter, in der dieses Intervall als unsanglich galt. Versuche selbst, diese Leiter zu singen und Melodien mit ihr zu improvisieren! In außereuropäischer Musik gibt es viele Skalen mit übermäßigen Sekunden. Die harmonische Molltonleiter hat für uns daher etwas »Orientalisches« an sich.

Bekanntlich können wir diese Leiter noch einmal verändern, indem wir jetzt auch noch die VI. Stufe erhöhen und zum melodischen Moll (aufwärts) kommen:

Diese Leiter unterscheidet sich nur noch durch die kleine Terz von der gleichnamigen Durtonleiter, und in der aus ihren Tönen gebildeten Kadenz mit Dursubdominante und Durdominante erscheint die Molltonika fast schon wie ein Fremdkörper:

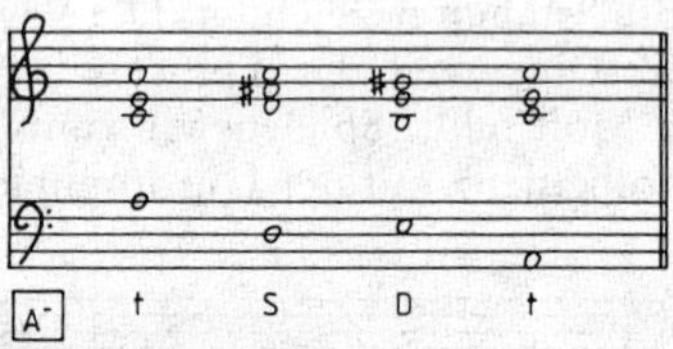

Die *melodische Molltonleiter* wird daher in Lehrbüchern meist in einer auf- und in einer absteigenden Form angegeben, wobei die absteigende Form mit dem reinen Moll identisch ist:

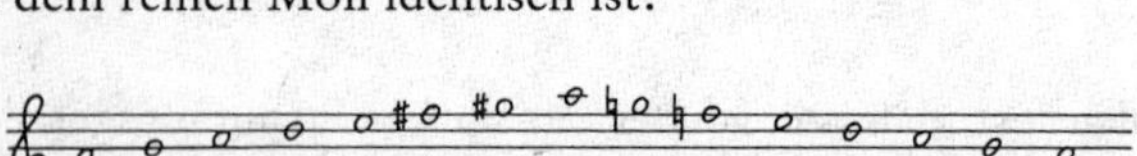

Durch diese Schreibweise soll angedeutet werden, daß bei einer melodischen Aufwärtsbewegung die VII. Stufe erhöht wird, um einen Leitton zu haben; die VI. Stufe wird dann auch erhöht, um den übermäßigen Sekundschritt zu vermeiden. Bei einer fallenden Melodielinie möchten wir gerne den kleinen Sekundschritt von der kleinen VI. Stufe zur Quinte benutzen und erniedrigen dann auch – wieder aus dem gleichen Grund – die VII. Stufe. Dies ist eine Beobachtung, die wir an vielen Melodien machen können, aber keine Regel! Es gibt auch viele Beispiele für die Verwendung der kleinen Sexte und Sept in steigenden Melodien und für den Gebrauch der großen Sexte und Sept in fallenden Linien.

Im Jazz liegen die Dinge noch ein bißchen komplizierter, da die Elemente der Improvisation und der Akkorderweiterungen hinzukommen. Ein Pianist, der einen improvisierenden Bläser begleitet, weiß nicht, ob dieser eine steigende Linie mit großer Sexte und Sept oder eine fallende mit den entsprechenden kleinen Skalenstufen zu spielen im Begriff ist, muß sich aber andererseits – beispielsweise bei einer Dominante – entscheiden, ob er den Akkord mit großer oder kleiner None spielen soll. Wir werden bald sehen, wie dieses Problem im Jazz gelöst wird.

Wir sammeln jetzt erst einmal Töne, die in den drei Molltonleitern vorkommen, und erhalten:

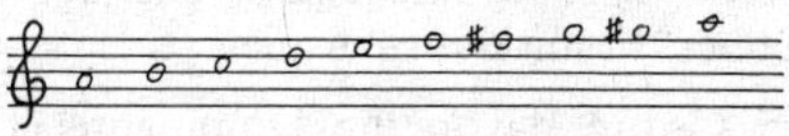

Dies ist keine Tonleiter, die so tatsächlich gespielt wird, sondern nur eine Auflistung des in Moll zur Verfügung stehenden Tonmaterials. Der Untere Teil enthält die Aufteilung des Quintraumes a–e, die allen drei Mollskalen gemeinsam ist, der obere Quartraum e–a enthält alle Töne der chromatischen Skala. Wir nennen diese Leiter *Molltonikaleiter.* In ihr enthalten sind die äolische, die dorische, harmonische und die melodische Molltonleiter:

A-äolisch

A-dorisch

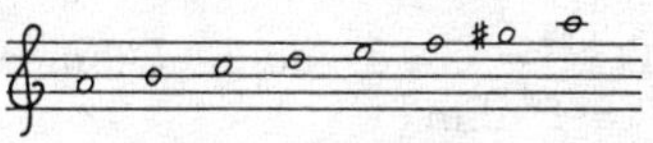

A-harmonisch Moll

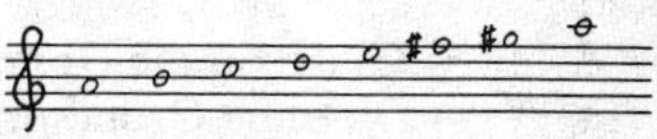

A-melodisch Moll

Betrachten wir nun die Dreiklänge und ihre Funktionen, die sich aus diesem Tonmaterial bilden lassen:

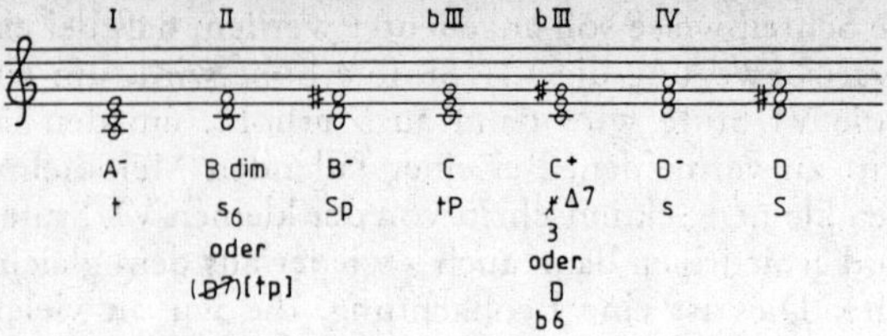

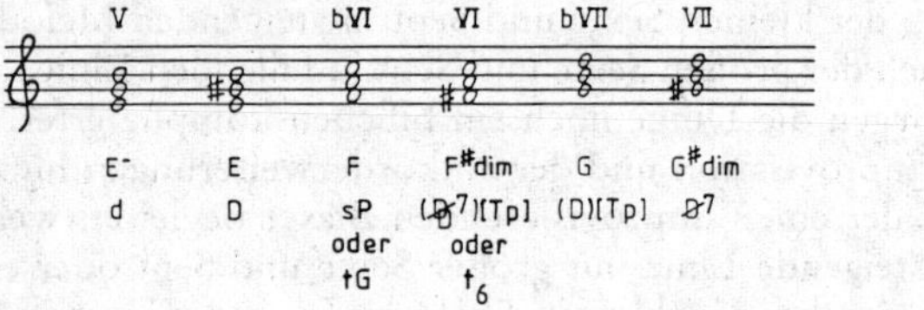

Auf den Stufen I, IV und V finden wir wieder die Hauptfunktionen, wobei Subdominante und Dominante jeweils als Moll- und als Durakkord vorkommen: s, S bzw. d, D.

Der verminderte Dreiklang auf der II. Stufe wird je nach dem Zusammenhang als *Mollsubdominante* mit die Quinte ersetzender Sexte im Baß s_6 oder als verkürzte (= grundtonlose) Zwischendominante zur Tonikaparallele tP bezeichnet. In unserem Beispiel:

t = a-moll, tP = C-dur, davon die Dominante $(D^7)^{[tP]} = G^7$, ohne Grundton $(Ð^7)^{[tP]}$ = B dim.

Bei Verwendung der großen Sexte F$^\#$ der Molltonleiter steht auf der II. Stufe die Parallele B$^-$ der Dursubdominante D-dur.

Auf der III. Stufe stehen die Molltonikaparallele tP C-dur von a-moll oder der übermäßige Dreiklang C$^+$, der als verkürzte Molltonika mit großer Sept G$^\#$ oder als Dominante mit die Quinte B ersetzenden kleinen Sexte C im Baß funktioniert.

Der Durakkord auf der kleinen Sexte der Skala wird je nach Zusammenhang als *Mollsubdominantparallele* sP oder als *Molltonikagegenklang* tG bezeichnet.

Der verminderte Dreiklang auf der erhöhten VI. Stufe wird als verkürzte Doppeldominante der Tonikaparallele eingesetzt, in unserem Beispiel:

t = A$^-$, tP = C, davon die Dominante $(D)^{[tP]} = G^7$, davon die Dominante $(DD^7)^{[tP]} = D^7$, ohne Grundton $(ÐD^7)^{[tP]}$ = F$^\#$ dim.

Auf der erniedrigten VII. Stufe steht ein Durdreiklang, der als Zwischendominante zur Tonikaparallele wirkt: $(D)^{[tP]}$, auf der erhöhten VII. Stufe schließlich ein verminderter Dreiklang, der unschwer als verkürzter Dominantseptakkord $Ð^7$ auszumachen ist.

Wie wir sehen, sind die Verhältnisse ungleich komplizierter als in Dur. Dies liegt einmal daran, daß wir, bedingt durch den größeren Tonvorrat, mehr Akkorde bilden können, zum anderen an der Labilität des Molltongeschlechts: Viele in Moll stehende Stücke weichen zeitweise in die parallele Durtonart aus, was durch die entsprechenden Zwischendominanten auf den Stufen II, ♭VI und ♭VII erreicht werden kann.

In Tabelle 5 (S. 70) sind die wichtigsten Vier- und Mehrklänge, geordnet nach Stufen und Funktionen, dargestellt (vgl. Tabelle 1, S. 21).

Anders als die Durtonika, die praktisch immer als Vier- oder Fünfklang gespielt wird, kommt die Molltonika im Jazz – wenn auch nicht sehr oft – gelegentlich als reiner Dreiklang vor. Beliebteste Erweiterungstöne sind die (große) Sexte und die None, in neueren Kompositionen auch die große Septe. Doch auch der aus dem Durbereich bekannte Mollakkord mit kleiner Septe kommt als Molltonikaakkord vor. Die in der Tabelle angeführten Erweiterungen der Akkorde um die Undezime und Tredezime sind möglich, aber selten, da die entstehenden Klänge im allgemeinen für eine Tonika zu dissonant wirken.

Der auf der II. Stufe der äolischen und harmonischen Mollskala stehende Vierklang B–D–F–A wird *halbverminderter Septakkord* genannt im Gegensatz zum (ganz) verminderten Septakkord B–D–F–$A^{\flat}$. Letzterer besteht aus drei aufeinandergeschichteten kleinen Terzen und hat somit die verminderte Sept B–$A^{\flat}$ als Rahmenintervall, ersterer baut sich aus zwei kleinen und einer großen Terz auf. Das Rahmenintervall ist bei diesem Akkord die kleine Sept B–A. Funktionstheoretisch wird dieser Akkord meist aus der Mollsubdominante D^{-} abgeleitet, zu der als charakteristische Dissonanz die große Sexte B hinzugefügt und in den Baß gelegt wird: s^{5}_{6}. Die 5 wird in der Funktionsbezeichnung eigens erwähnt, um den Akkord zu unterscheiden von dem mit der Sexte statt der Quinte: s^{6} (D–F–B). Dieser findet allerdings im Jazz keine Verwendung. Auch tritt der halbverminderte Septakkord im Jazz so gut wie nie als verkürzte Zwischendominante zur Tonikaparallele C-dur auf. Dies mag daran liegen, daß seine Dominantwirkung ohne den Grundton G im Kontext von vier- bis sechsstimmigen Akkorden nicht stark genug ist (s. Tabelle 5, S. 70).

Auf der II. Stufe der melodischen und dorischen Molltonleiter steht die Parallele B^{-7} der Dursubdominante D: Sp^{7}. Aus dieser Bezeichnung können wir auch eine alternative Benennung von $B^{\varnothing}$ ableiten. Da dieser Akkord gegenüber B^{-7} eine tiefalterierte Quinte hat (F statt $F^{\#}$), können wir ihn mit $Sp^{7(\flat 5)}$ bezeichnen*.

* In der klassischen Funktionstheorie werden Tiefalterationen von Akkordtönen durch das Zeichen ⟩, Hochalterationen durch das Zeichen ⟨ bezeichnet. In Analogie zur Akkordschreibweise verwenden wir hier die Zeichen ♭ für Tief- bzw. # für Hochalteration.

Tabelle 5

Leitereigene Akkorde in Moll

I t A⁻

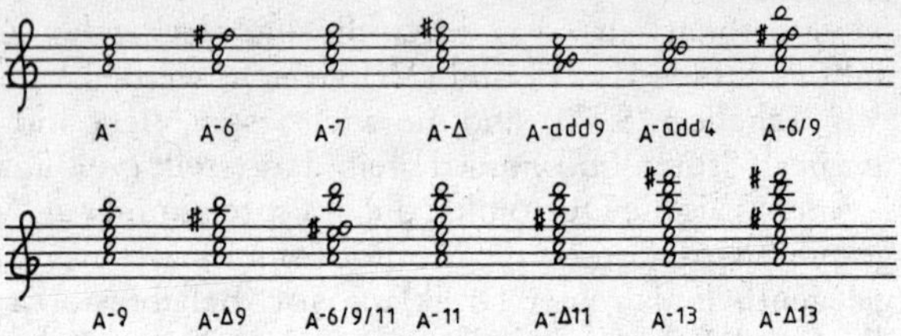

II s^{5}_{6} = $Sp^{(b5)}$ oder ($\not{D}^{7}$)[tp] Bø

Sp B⁻7

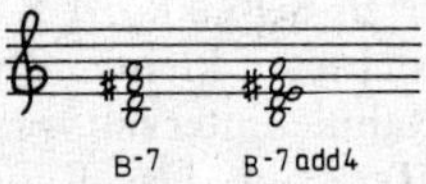

bIII tp CΔ

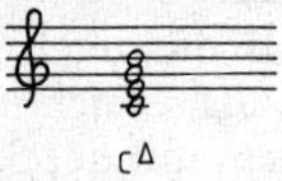

Akkorderweiterungen s. Tabelle 1

IV s^{7} oder (Sp)[tp] D⁻7

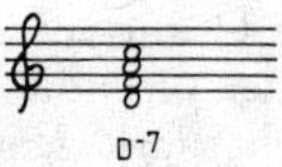

Akkorderweiterungen s. Tabelle 1

s^{7} oder $\not{D}$[tp] D7

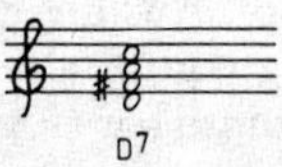

Akkorderweiterungen s. Tabelle 4

V d E⁻7

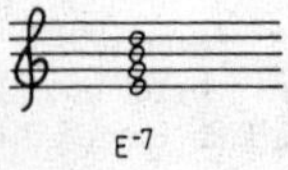

Akkorderweiterungen s. Tabelle 1

D7 E7(b9) E7(#9)

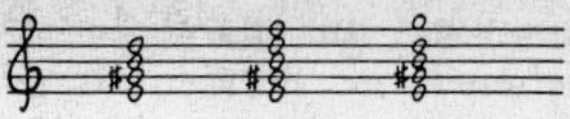

E7 E7(b9) E7(#9)

Akkorderweiterungen s. Tabelle 4

D7 E9

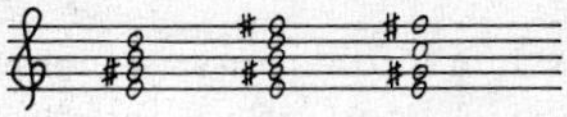

E7 E9 E9(b13)

bVI tG oder sp oder S(tP) FΔ

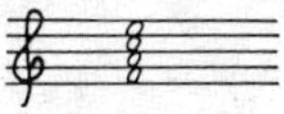

FΔ

Akkorderweiterungen s. Tabelle 1

VI t^{6}_{5} F#Ø

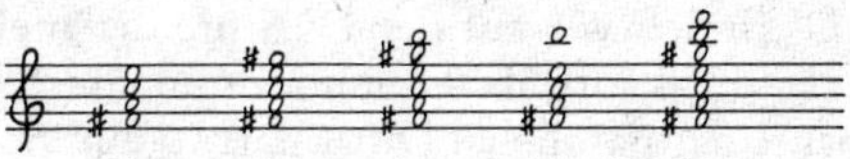

F#Ø F#Ø9 F#Ø11 F#Ø(add4) F#Ø13

F#Ø (♮2)

(D)[tP] G7

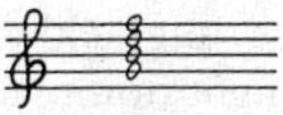

G7

Akkorderweiterungen s. Tabelle 1

dP GΔ

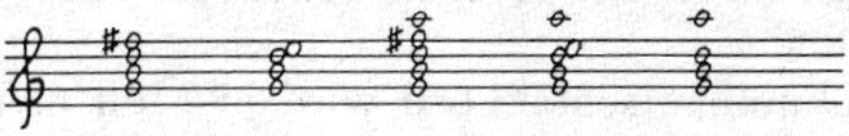

GΔ G6 GΔ9 G6/9 G(add 9)

VII DV G#o

G#o

Akkorderweiterungen s. Tabelle 4

Beide Akkorde auf der II. Stufe können um die Quarte erweitert werden. Nonenerweiterung ist hier nicht möglich. Der Ton C würde mit dem Akkordgrundton B das Intervall einer unerwünschten kleinen None bilden, die große None C# würde den diatonischen Rahmen an empfindlicher Stelle sprengen: Sie wäre, bezogen auf den Tonikagrundton A, die große Terz in Moll!

Die auf der III. Stufe stehende Tonikaparallele $C^{\triangle}$ tritt in Moll-Stükken oft auf und hat die gleichen Akkorderweiterungstöne wie die Tonika in Tabelle 1 (S. 21). Der aus der melodischen Mollskala bildbare Klang $C^{\triangle(\#5)}$ würde als verkürzte Molltonika mit großer Sept und None bezeichnet werden: $\not{t}\ \left(^{\triangle 7}_{\#5}\right)$. Dieser Klang hat in diesem Zusammenhang keine praktische Bedeutung.

Auf der IV. Stufe der äolischen und harmonischen Mollskala finden wir den Akkord D^{-7}, der wie sein Pendant in Tabelle 1 erweitert werden kann. Er kann als Mollsubdominante s^7 auftreten, wesentlich häufiger ist sein Erscheinen als II. Stufe in der parallelen Durtonart C-dur, etwa in der Zwischenkadenz

$$\begin{matrix} D^{-7} & G^7 & C^{\triangle} \\ (Sp^7 & D^7) & tP. \end{matrix}$$

Den Akkord D^7 finden wir auf der IV. Stufe der melodischen und dorischen Mollskala. Er kann als Dursubdominante S^7 auftreten oder als Doppeldominante der parallelen Durtonart C-dur. Seine Akkorderweiterungen entsprechen in beiden Fällen denen in Tabelle 4 (S. 58) für D^7 genannten.

Im äolischen und dorischen Moll steht auf der V. Stufe die *Molldominante* E^{-7}. Diese Bezeichnung ist etwas unglücklich, da dieser Klang wegen des Fehlens der großen Terz gar nicht dominantisch wirkt. Er löst sich auch nicht unbedingt in die Tonika A^- auf, sondern kann auch anders weitergeführt werden, zum Beispiel stufenweise auf- oder abwärts. Seine Akkorderweiterungen entsprechen denen des Akkords E^{-7} in Tabelle 1 (S. 21).

Der echte Dominantseptakkord wird in Moll meist mit kleiner oder übermäßiger None und eventuell kleiner Tredezime gespielt, so wie der Akkord $E^{7(\flat 9)}$ in Tabelle 4 (S. 58).

Der im melodischen Moll bildbare Akkord E^9 kommt erheblich seltener vor, da ihm die zusätzliche Leittonwirkung der kleinen None F fehlt, die sich ins E von A^- auflöst.

Auf der Stufe ♭VI der äolischen und harmonischen Mollskala steht der Klang $F^{\triangle}$. Er tritt als Gegenklang der Molltonika auf, vor allem im Trugschluß $\begin{matrix} E^7 & F^{\triangle} \\ D & tG \end{matrix}$, gelegentlich als Subdominante der parallelen Durtonart $C^{\triangle}$, selten als Vertreter sP der Subdominante D^-. In allen Fällen entsprechen die Akkorderweiterungen denen des Akkordes $F^{\triangle}$ in Tabelle 1.

Auf der erhöhten VI. Stufe finden wir den Akkord $F^{\#ø}$, der gelegentlich als Vertreter t^5_6 der Tonika auftritt; der Klang besteht ja aus dem a-moll-Dreiklang mit der großen Sexte $F^\#$ im Baß. Die genannten Akkorderweiterungen sind selten, aber klanglich möglich. Erwähnenswert ist, daß wir in diesem Zusammenhang den halbverminderten Septakkord um die große None erweitern können, im Gegensatz zum halbverminderten Akkord auf der II. Stufe. Er wird oft mit $F^{\#\varnothing(\#2)}$ bezeichnet, wobei #2 hier (entgegen der Regel) nicht die übermäßige, sondern die große Sekunde bezeichnet. Eine bessere Bezeichnung, die sich langsam durchsetzt, ist: $F^{\#\varnothing(\natural 2)}$.

Auf der Stufe ♭VII der äolischen Leiter steht der Dominantseptakkord G^7, der als Zwischendominante in die Molltonikaparallele C funktioniert und auf die in Tabelle 1 genannte Art erweitert werden kann.

Auf der gleichen Stufe finden wir im dorischen Moll $G^{\triangle}$, die Parallele dP der Molldominante. Diese Funktion tritt selten auf.

Auf der erhöhten VII. Stufe der harmonischen Molltonleiter finden wir den verminderten Septakkord $G^{\#o}$, der uns schon aus dem Kapitel über Zwischendominanten und verminderte Septakkorde bekannt ist. Seine Akkorderweiterungen entsprechen den dort genannten; in Moll funktioniert er als Vertreter D^v der Dominante $E^{7(\flat 9)}$.

Der im melodischen Moll bildbare Klang $G^{\#\varnothing}$ hat keine praktische Bedeutung.

2. Akkordverbindungen

Die *Mollkadenz* wird analog zur Durkadenz auf den Stufen II, V und I gebildet:

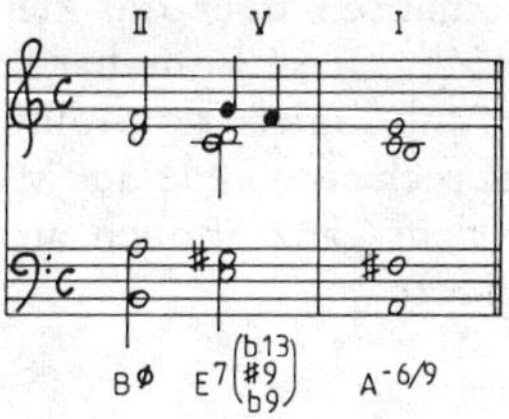

Hierbei tritt auf der II. Stufe stets der halbverminderte Septakkord auf, auf der V. eine der in Tabelle 5 (S. 70) genannten Dominantformen, auf der ersten eine der in Tabelle 5 genannten Tonikaformen. Die am häufigsten verwendeten Skalen sind lokrisch, Flamenco- und Molltonikaskala. Welche Töne der letzten Skala gespielt werden, hängt auch von der Wahl des Tonikaakkordes ab. Da sich aber die große Sexte (im Gegensatz zur kleinen) als Akkorderweiterungston eignet, sind die dorische oder melodische Molltonleiter hier häufiger als die äolische.

Während wir die Durkadenz mit Modi ein und derselben Grundskala spielen konnten, wechseln wir in Moll von einem Modus der äolischen

Skala (beim halbverminderten Akkord) über einen, der die harmonische Mollskala enthält (bei der Dominante), zur dorischen oder melodischen Molleiter. Oft können wir die Sache vereinfachen, wenn wir bei allen drei Akkorden die Flamenco-Skala der Dominante spielen, also bei einer Kadenz in a-moll die E-Flamenco-Skala. Vorsicht ist dann mit dem Ton $G^\#$ bei $B^{\varnothing}$ und dem F bei A^- geboten.

Außer der Mollkadenz gibt es nur wenige Akkordverbindungen, die typisch für den Mollbereich sind. Beim Studium der aus der Molltonikaskala bildbaren Akkorde haben wir gesehen, daß sie oft Funktionen in der parallelen Durtonart sind. So weichen in Moll stehende Stücke sehr oft in diese Tonart aus.

Zwei Klischeewendungen seien hier aufgeführt, die in Moll eine gewisse Rolle spielen, zunächst die *wandernde Quinte*:

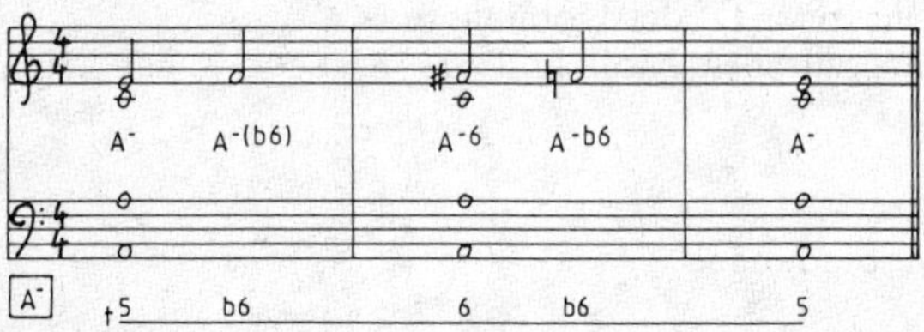

Die Quinte E läuft chromatisch über die kleine Sexte F hoch bis zur großen Sexte $F^\#$ und zurück. Diese Linie hat keine harmonische Bedeutung; die ganze Passage funktioniert als Molltonika. Bei der Improvisation verwendet man entsprechende Teile der Molltonikaleiter.

Die zweite Wendung sieht ganz ähnlich aus; sie wird manchmal als *wandernde Septe* bezeichnet:

Die ersten beiden Takte funktionieren auch hier wieder als Tonika, improvisiert wird mit entsprechenden Teilen der Molltonikaskala.

3. Blues in Moll

Ähnlich wie in Dur gibt es auch in Moll eine Vielzahl von Blues-Varianten. Betrachten wir zunächst als einfaches Beispiel die Komposition ›Mr. P. C.‹ von John Coltrane:

Analog zum einfachen Blues in Dur haben wir hier vier Takte Molltonika, zwei Takte Mollsubdominante, zwei Takte Molltonika. Der Akkord $A^{\flat 7}$ in Takt 9 läßt sich verstehen als Durparallele der Mollsubdominante mit kleiner Blues-Sept $G^{\flat}$: sP^7. Dieser Akkord löst sich eine kleine Sekunde tiefer in die Dominante $G^7(^{\flat 13}_{\# 9})$ auf, welche ihrerseits wieder in die Tonika C^{-7} zurückführt. Betten wir $A^{\flat 7}$ in den diatonischen Kontext von c-moll ein, erhalten wir als Improvisationsleiter mixolydisch (#4):

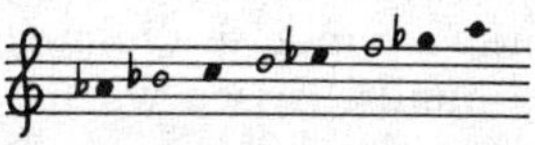

Für die anderen Akkorde ergeben sich die Skalen

C^{-7}: Molltonikaskala, bevorzugt dorisch
F^{-7}: dorisch
$G^7(^{\flat 13}_{\# 9})$: Flamenco

Ein komplizierteres Beispiel für einen *Moll-Blues* ist das Stück ›Israel‹ von John Carisi:

Wenn auch das zwölftaktige Blues-Schema durchscheint, ist es hier doch schon auf ziemlich raffinierte Weise angereichert. In den ersten Tonikatakten finden wir eine wandernde Quinte A–$B^{\flat}$–B–C, wobei der letzte Ton C als Sept des Akkordes $D^{7(\flat 9)}$ auftritt, der eine Zwischendominante in die Subdominante G^{-} ist. Hier wiederholt sich die Bewegung der wandernden Quinte in verkleinertem Maßstab: D–$E^{\flat}$–E–F; F ist jetzt die $\flat 13$ der Dominante $A^{7(\flat 13)}$, welche sich überraschend in die Dur-Tonika $D^{\triangle}$ auflöst, der unmittelbar die Molltonikaparallele $F^{\triangle}$ folgt. Unter der in Quarten sich bewegenden Melodie in Takt 9 liegt $B^{\flat\triangle}$, der leitereigene Akkord auf der Stufe $\flat$VI mit großer Sept A (statt Blues-Sept $A^{\flat}$), der sich in die Dominante $A^{7}(^{\flat 13}_{\flat 9})$ auflöst. Über diesem Akkord liegt in der Melodie vorhaltsartig die verminderte Quinte $E^{\flat}$. Takte 11 und 12 sind eine Version eines turnarounds. Fassen wir die Ergebnisse der Analyse zusammen und bilden eine guide-line:

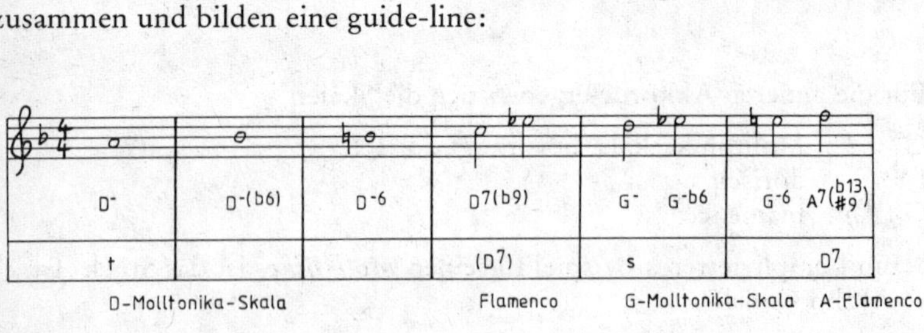

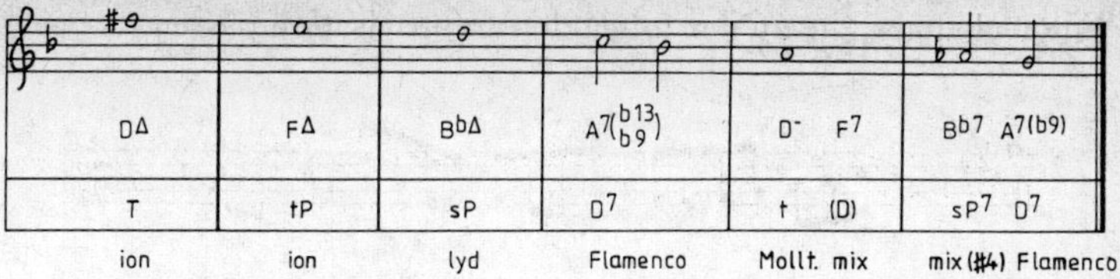

Die Auswahl der Töne aus den Molltonikaskalen über D bzw. G sollte mit der guide-line übereinstimmen. Vermeide also die große Sexte B in Takt 2 und die kleine Sexte B♭ in Takt 3, in Takt 5 und 6 entsprechend.

Übungen

1. Setze die folgende Akkordfolge fünfstimmig für Klavier aus und schreibe eine zu den Akkorden passende Melodie:

[G⁻] $\frac{4}{4}$ ||: s | (D^7) | tP | sP |
s^5_6	D^7	t	1. (D^7) :		2. t	
	s^5_6	D^7	t	(D^7)
(Sp	D^7)	tP	sP
s^5_6	D^7	t(D^7)	(Sp D^7)
tP sP	s^5_6 D^7	t	t	

2. Setze die folgenden changes fünfstimmig für Klavier aus; analysiere sie (Tonart/en, Funktionen, Skalen) und schreibe eine Improvisation über sie auf:

	: $E^ø$	$A^7(^{♭13}_{♭9})$	D^-	⁒
G^{-7}	C^7	F^{Δ}	$E^ø A^{7(♭13)}$
D^-	G^{-7}	$B^{♭7}$	$E^ø A^7(^{♭13}_{♭9})$
1. | D^- | $G^{7(\#11)}$ | $E^ø$ | $A^{7(♭9)}$:||
2. | D^- | $B^{♭7} A^{7(♭9)}$ | D^- | ⁒ ||

3. Schreibe eine achttaktige Akkordfolge in Moll und eine dazu passende Melodie.

4. Finde changes, die zu der folgenden Improvisation passen:

Wir waren ausgegangen vom streng diatonischen Bereich, der nur Akkorde enthält, die aus der Durtonleiter zu bilden sind, und hatten diesen durch die Verwendung von Blues-Akkorden, Zwischendominanten und verminderten Septakkorden ausgedehnt zum erweitert diatonischen Bereich. Das Akkordmaterial in Moll ist, wie wir gesehen haben, aufgrund der größeren Ausgangstonleiter von vornherein reichhaltiger und enthält in sich schon Zwischendominanten, die in den Bereich der parallelen Durtonart führen. Wir können die parallelen Dur- und Molltonarten zu einem Bereich zusammenfassen:

a-moll	C-dur

Weiter haben wir in der Komposition ›Israel‹ gesehen, daß ein Mollstück auch Akkordmaterial aus der gleichnamigen Durtonart verwenden kann. Umgekehrt ist es auch möglich, daß der Durbereich Akkorde aus dem gleichnamigen Mollbereich enthält. Unser erweiterter Tonalitätsbereich sieht nun so aus:

	c-moll
a-moll	C-dur
A-dur	

Wenden wir das gleiche Verfahren auf die neu hinzugekommenen Tonarten wiederholt an, erhalten wir den Bereich:

				g$^\flat$-moll
			e$^\flat$-moll	G$^\flat$-dur
		c-moll	E$^\flat$-dur	
	a-moll	C-dur		
f$^\#$-moll	A-dur			
F$^\#$-dur				

Wenn wir F$^\#$ und G$^\flat$ enharmonisch miteinander vertauschen, schließt sich der Kreis der Kleinterzverwandtschaften. Er hat allerdings eher spekulative Bedeutung, denn im allgemeinen wird man die Verwandtschaft von beispielsweise C-dur und g$^\flat$-moll kaum hörend nachvollziehen können, sondern g$^\flat$-moll als neue Tonart empfinden. Von praktischer Bedeutung ist hingegen der folgende Ausschnitt:

	c-moll	$E^{\flat}$-dur
a-moll	C-dur	

Erweiterte Tonalität von C

Wir betrachten nun wichtige Akkorde und Akkordverbindungen aus diesem erweiterten Tonalitätsbereich, die zu den in den Tabellen 1, 4 und 5 (S. 21, 58 und 70) bereits genannten hinzutreten können. Viele der neu hinzugekommenen Klänge werden als *alterierte Akkorde* bezeichnet. Ein alterierter Akkord entsteht durch chromatische Änderung (nach oben oder nach unten) eines oder mehrerer Töne eines in Dur leitereigenen Akkordes, ohne daß sich hierdurch die Funktion des Akkordes ändert. So ist zum Beispiel der Übergang von der Dominante G^7 zu G^{+7} eine Alteration, da auch der zweite Akkord dominantisch ist,

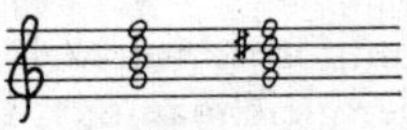

G^7 G^{+7}

während der Übergang von G^7 zu $G^{\triangle}$ zwar durch eine chromatische Änderung der kleinen Sept F zur großen Sept $F^{\#}$ entsteht, aber mit einem Funktionswechsel von der Dominante in C-dur zur Tonika in G-dur verbunden ist:

G^7 $G^{\triangle}$

Es handelt sich hier also um keine Alteration.

1. Tonikabereich

Eine Alteration der Tonika ist uns bereits aus Tabelle 1 (S. 21) bekannt: die Hochalteration der Undezime oder – enharmonisch vertauscht – die Tiefalteration der Quint:

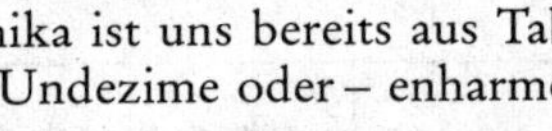

C△(#11) C△(#4) C△(b5)

Skalenmäßig entspricht dieser Alteration der Übergang von der ionischen zur lydischen Leiter:

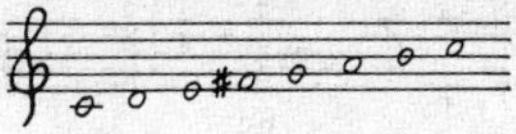

Eine andere, seltener auftretende Alteration des großen Septakkordes ist die übermäßige Quinte:

Zu diesem Akkord paßt gut die *lydisch-übermäßige Skala:*

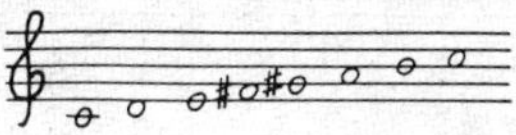

Beide Akkorde – $C^{\triangle(\#11)}$ und $C^{\triangle(\#5)}$ – sind leitereigen in der melodischen Mollskala der parallelen Tonart a-moll.

2. Subdominantischer Bereich

In Dur-Stücken tritt neben der leitereigenen Dursubdominante oft die Mollsubdominante der gleichnamigen Molltonart auf, in C-dur also F⁻. Dieser Dreiklang wird gern um die große Sexte oder große Sept erweitert:

s^{6}_{5} F-6

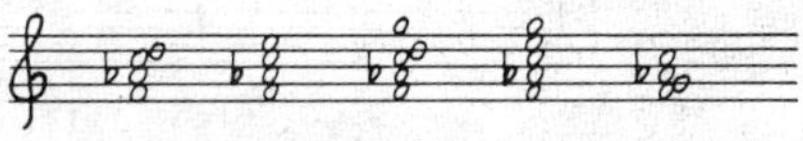

Zu all diesen Akkorden paßt im Kontext von C-dur am besten die (aufsteigende) melodische f-moll-Skala:

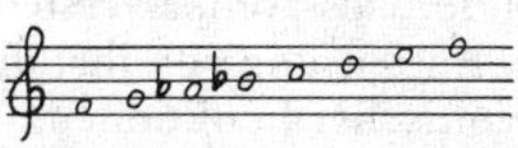

Wird die Mollsubdominante mit kleiner Sept gespielt,

s^7 F^{-7}

verwenden wir die dorische Leiter:

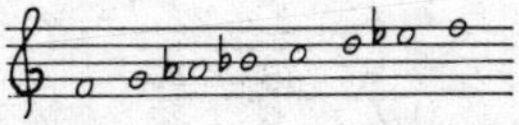

Die Mollsubdominante tritt oft im Plagalschluß zwischen Dursubdominante und Tonika auf und erzeugt einen zusätzlichen Leittonschritt:

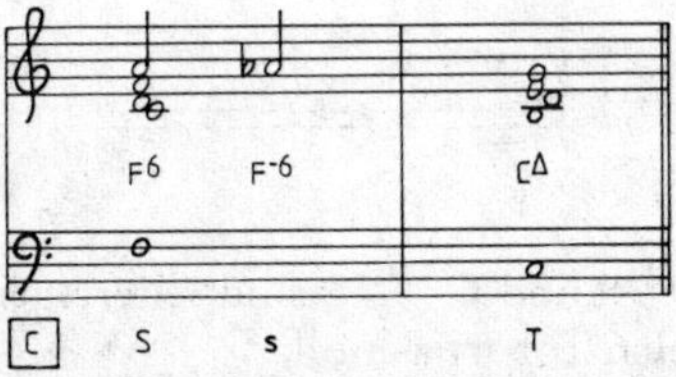

Oft wird der chromatische Durchgangston $A^{\flat}$ als kleine Sept der *doppelten Subdominante* $B^{\flat 7}$ harmonisiert (also der Subdominante der Subdominante):

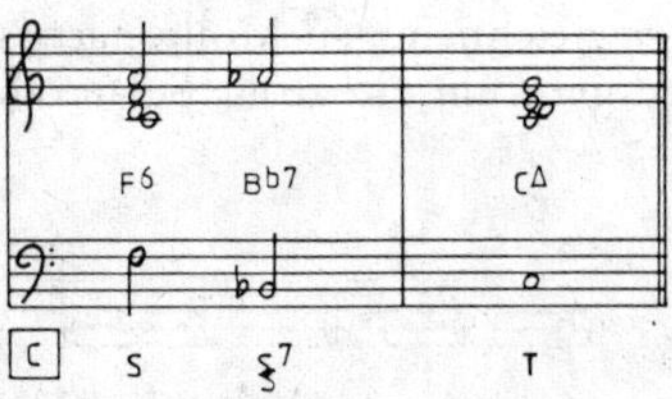

$B^{\flat 7}$ ist von der Akkordstruktur her zwar ein Dominantseptakkord, funktional jedoch eindeutig doppelte Subdominante. Wäre $B^{\flat 7}$ Dominante, müßte sie sich nach $E^{\flat}$ auflösen, bzw. die Auflösung nach C wäre ein Trugschluß. Das widerspräche aber dem Höreindruck, der C nicht als Überraschungseffekt, sondern als Tonika versteht. Mein Ohr hört $B^{\flat 7}$ als Ausdehnung der Tonika, Entfernung von ihr; dies sind typische inhaltliche Merkmale subdominantischer Funktionen.

Dieser Akkord hat also die gleichen Akkorderweiterungstöne wie die Blues-Subdominante (vgl. S. 43):

Betten wir die doppelte Subdominante $B^{\flat 7}$ in den Kontext von C-dur ein, erhalten wir als Improvisationsleiter die schon bekannte Skala mixolydisch (#4):

Wir können erkennen, daß diese Leiter der vierte Modus der zur Mollsubdominante F^{-6} passenden melodischen f-moll-Skala ist.

Neben der Verbindung S$\not{S}^7$T tritt auch die Wendung $s^7\not{S}^7$T auf:

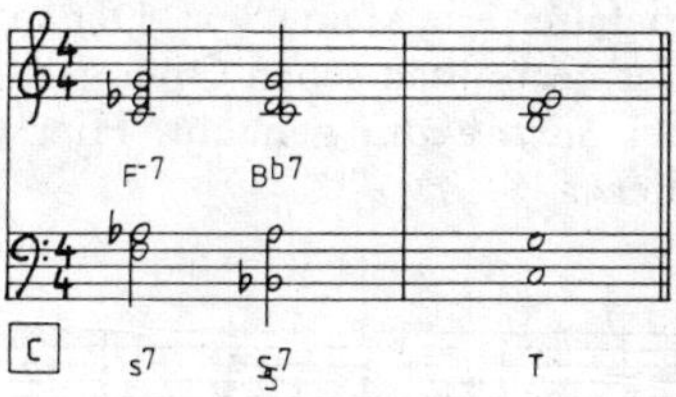

Das Akkordpaar $F^{-7}B^{\flat 7}$ ist hier scheinbar ein (unaufgelöstes) II-V-Paar der Molltonikaparallele $E^{\flat}$-dur. Zur Improvisation können wir die Skalenfolge F-dorisch-$B^{\flat}$-mixolydisch-C-ionisch benutzen; der Charakter der doppelten Subdominante kommt allerdings besser heraus, wenn wir bei $B^{\flat 7}$ die Skala wechseln und mixolydisch (#4) mit dem Ton E statt $E^{\flat}$ verwenden.

Dem Übergang von der Dur- zur Mollsubdominante auf der IV. Stufe entspricht bei der Subdominantparallele auf der II. Stufe die Tiefalteration der Quinte, also in C-dur der Übergang von D^{-7} zu $D^{\varnothing}$:

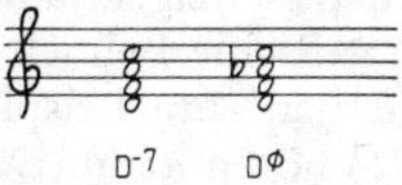

Diese Alteration wird insbesondere dann vorgenommen, wenn in der Kadenz ein alterierter Dominantseptakkord folgt (s. u.). Da der Akkord Dø hier im Kontext von C-dur auftritt, läßt er sich gut um die große None erweitern;

als Leiter ergibt sich dann lokrisch (♮ 2), übrigens auch wieder ein Modus der melodischen f-moll-Skala:

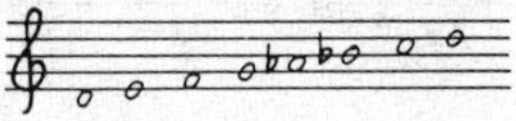

Kehren wir noch einmal zur Mollsubdominante f-moll zurück. In der Musik des 17. Jahrhunderts wurde dieser Akkord als Dreiklang verwendet. Gelegentlich wurde die Quinte durch die Sexte ersetzt (vgl. S. 67), in Moll auch durch die tiefalterierte kleine Sext. Der so entstehende Akkord wurde besonders in der neapolitanischen Oper gern verwendet und wird daher *Neapolitanischer Sextakkord* genannt. Hier eine (klassische) Kadenz mit »Neapolitaner«:

Der Neapolitanische Sextakkord auf F ist eine Umkehrung des D♭-dur-Dreiklangs; tritt dieser in Grundstellung auf, wird er als *verselbständigter Neapolitaner* sN oder als *Mollsubdominantgegenklang* sG bezeichnet.

Im Jazz kommt der Neapolitanische Sextakkord so gut wie nie vor, vielleicht weil seine Wirkung von der Verwendung von Dreiklängen abhängt, die im Jazz erst in den siebziger Jahren wiederentdeckt worden sind. Sehr wirkungsvoll setzt Richie Beirach den Neapolitaner in seiner Komposition ›Elm‹ ein, die man zum Beispiel auf der Platte ›The Duo Live‹ (advance music 86 101) hören kann. Dagegen kommt der verselbständigte Neapolitaner (natürlich als Vier- oder Mehrklang) auch im traditionelleren Jazz vor, vor allem als chromatischer Wechselakkord zur Tonika wie in dem Stück ›Speak No Evil‹ von Wayne Shorter:

3. Dominantischer Bereich

Betrachten wir nun die Alterationen der Dominante (das im folgenden Gesagte betrifft auch alle Zwischendominanten). Bisher haben wir neben der unalterierten in Dur leitereigenen Form der Dominante (mit reiner Quinte, große None und großer Tredezime) im Zusammenhang mit Zwischendominanten und Mollkadenzen die folgenden alterierten Versionen kennengelernt: mit übermäßiger Quarte (#4), kleiner und übermäßiger None (♭9, #9) sowie kleiner Tredezime (♭13). Wir können uns leicht überlegen, daß dies (bis auf enharmonische Vertauschung) auch die einzig möglichen Alterationen des Dominantseptakkordes sind. Chromatische Änderung des Grundtons, der großen Terz und der kleinen Sept würde die Funktion des Akkordes ändern; Tiefalteration der Quinte entspricht enharmonisch der Hochalteration der Quarte (♭5 ≙ #4), Hochalteration der Quinte der Tiefalteration der Sexte bzw. Tredezime (#5 ≙ ♭6 ≙ ♭13), eine Hochalteration der Tredezime würde nichts Neues bringen, da sie der kleinen Sept entspricht. Das heißt also, es gibt (bis auf enharmonische Umdeutung) vier Alterationen des Dominantseptakkordes, nämlich jeweils Hoch- und Tiefalteration der Quinte und der None:

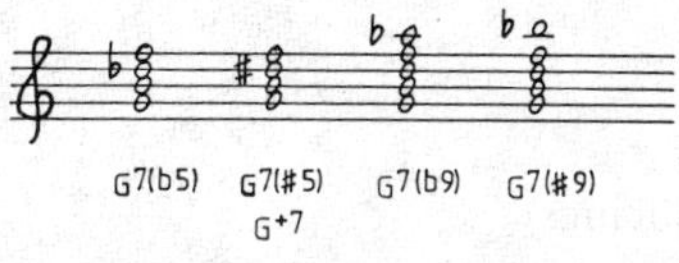

Möglich (und sehr oft verwendet) sind aber auch Mehrfachalterationen. In der Tabelle 6 (S. 87) sind alle gebräuchlichen Kombinationen dargestellt, jeweils mit dazu passenden Improvisationsskalen. Wir gehen dabei davon aus, daß Nonenalterationen (die ja durch Einbettung des Dominantseptakkordes in die äolische Molltonleiter entstanden sind) jeweils paarweise auftreten. Das heißt, daß eine Dominante mit kleiner None ♭9 immer durch eine mit übermäßiger None #9 ersetzt werden kann und umgekehrt; auch können beide Nonen (meist nachschlagend, vgl. S. 51) gespielt werden; Improvisationsskalen mit einer Nonenalteration enthalten auch immer die jeweils andere. Ausnahme zu dieser Regel ist der Blues-Tonika-Akkord $C^{7(\#9)}$, in dem die (#9) eine blue note ist, die nicht mit der ♭9 vertauscht oder kombiniert wird. Zu diesem Akkord paßt die C-Blues-Skala

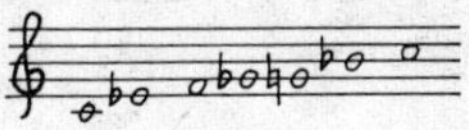

oder die um die blue notes $E^{\flat}$, $B^{\flat}$, $G^{\flat}$ erweiterte C-mixolydische Leiter:

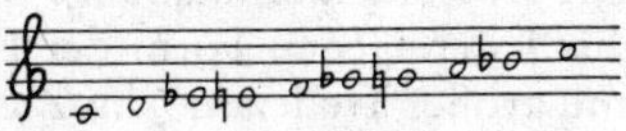

(Strenggenommen handelt es sich hier noch nicht einmal um eine Ausnahme, da die Regel Dominanten betrifft, die Blues-Tonika $C^{7(\#9)}$ aber wohl strukturell ein Dominantseptakkord, jedoch eben funktional keine Dominante ist.)

Beginnen wir im oberen Drittel von Tabelle 6 bei einer Dominante mit Nonenalteration, die ja stets paarweise auftritt. Wir fragen uns, ob wir die Quinte des Akkordes tiefalterieren wollen; falls nein, gehen wir rechts weiter und haben nur noch die Frage nach der Hochalteration der Quinte (≙ ♭13). Verneinen wir auch diese, bleibt es also nur bei der Nonenalteration, und als Skala ergibt sich mixolydisch ($^{\#9}_{\flat 9}$):

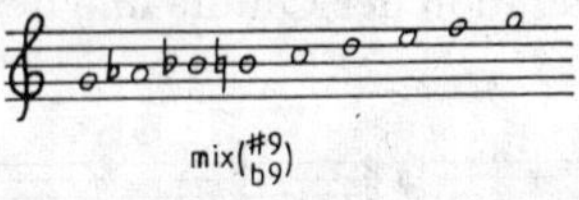

Mögliche Akkord-voicings:

Tabelle 6

Alterierte Dominantseptakkorde

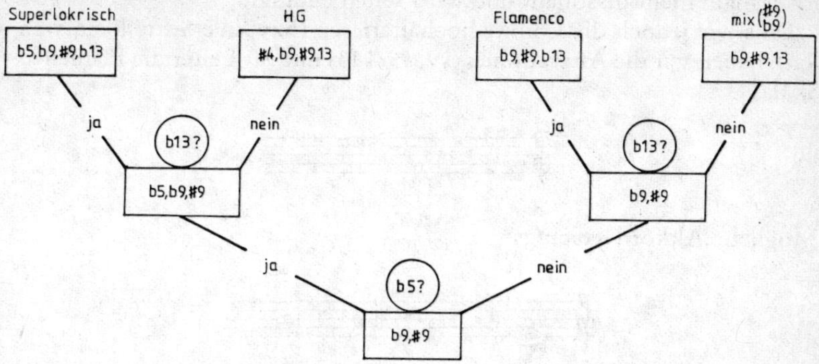

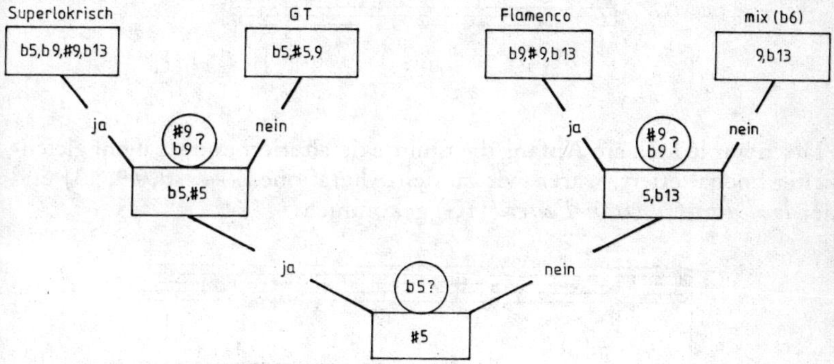

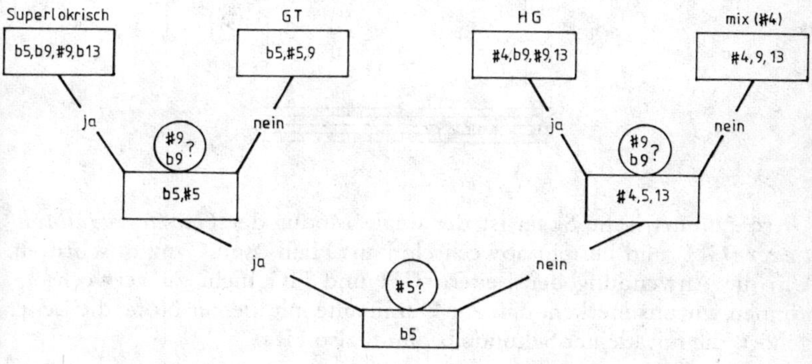

Hierbei können auf Wunsch die eingeklammerten Noten gleichzeitig oder nachschlagend gespielt oder auch weggelassen werden. Der vierte dieser Akkorde enthält die beiden Tritonusintervalle F–B und E–B♭; er ist deshalb mehr dissonant und wird selten benutzt.

Falls wir jedoch die Quinte hochalterieren (bzw. die Sexte klein wählen), haben wir die Alterationen (♭9, #9, ♭13) und als Leiter die Flamenco-Skala:

Mögliche Akkord-voicings:

Hätten wir jedoch am Anfang die Quinte tiefalteriert und sie nicht gleichzeitig hochalteriert, wären wir zu den Alterationen (#4, ♭9, #9, 13) und der *Halbton-Ganzton-Leiter* (HG) gekommen:

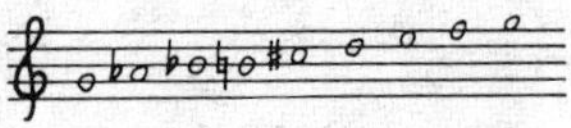

Diese symmetrische Skala ist der duale Modus der *Ganzton-Halbton-Leiter* (GH) und besteht abwechselnd aus Halb- und Ganztonschritten. Um die Anwendung der Leitern GH und HG nicht zu verwechseln, können wir uns merken, daß zur Dominante mit kleiner None die Leiter gehört, die mit kleiner Sekunde beginnt, also HG.

Bei positiver Beantwortung der letzten Frage kommen wir zu einem Akkord mit den Alterationen (♭5, ♭9, #9, ♭13), also allen vier möglichen Alterationen gleichzeitig. Dieser siebenstimmige Akkord ergibt, als Leiter aufgeschrieben, die wichtige *superlokrische Skala*:

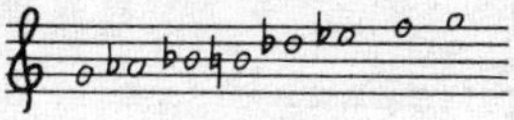

Der Akkord läßt sich z. B. so legen:

Im zweiten Drittel von Tabelle 6 (S. 87) sind alle alterierten Dominanten aufgeführt, die eine hochalterierte Quinte (bzw. kleine Sexte) haben. Zwei Akkorde sind neu gegenüber dem oberen Drittel der Tabelle. Zunächst der Akkord $G^{7(\flat 13)}$, der manchmal auch als G^{+7} bezeichnet wird:

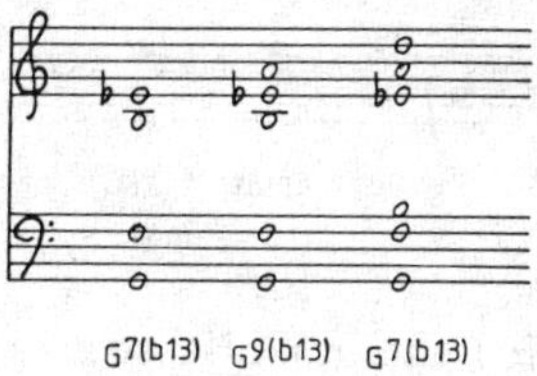

mit Tonleiter mixolydisch (♭6):

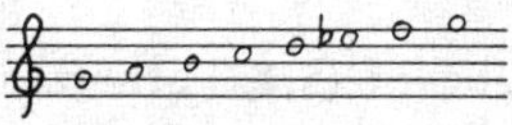

Von dem sich meist nach c-moll auflösenden Akkord $G^{7(\flat 13)}$ zu unterscheiden ist der echte übermäßige Dominantseptakkord, in dem die

Quinte D hochalteriert ist zu $D^{\#}$, um einen zusätzlichen Leitton in die Durterz E der Tonika zu schaffen:

Zu diesem Akkord paßt gut die *Ganztonleiter*:

Von dieser symmetrischen Skala gibt es bis auf enharmonische Umdeutung nur zwei Exemplare.

Im unteren Drittel von Tabelle 6 sind schließlich die alterierten Dominantseptakkorde mit tiefalterierter Quint (bzw. hochalterierter Quarte/Undezime) aufgelistet. Neu ist nur noch der Klang $G^{7(\flat 5)}$:

Zu diesem Klang paßt die Leiter mixolydisch (#4):

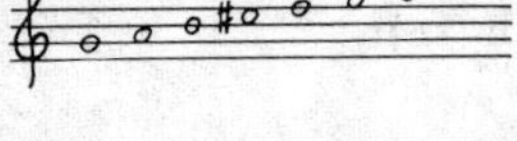

Wie können wir die Tabelle 6 (S. 87) benutzen? Zunächst einmal ist sie eine Auflistung aller im Jazz verwendeten alterierten Dominanten samt dazu passenden Skalen. Darüber hinaus bietet sie einen systematischen Überblick über verschiedene Realisierungsmöglichkeiten eines nur unvollständig bezeichneten Akkordes. So gibt es beispielsweise vier grundsätzlich verschiedene Möglichkeiten, den als $G^{7(\flat 9)}$ bezeichneten Akkord zu spielen. Jeder dieser vier Möglichkeiten entspricht einer Skala. Habe ich die Skala gewählt, bilde ich einen mehr oder weniger vielstimmigen Akkord aus Skalentönen. Habe ich mich beispielsweise für die Halbton-Ganzton-Leiter entschieden, könnte ich etwa die folgenden Klänge spielen:

Wichtig ist, daß die Dominante als »Sockel« den Grundton (der in einer Band allerdings meistens vom Bassisten gespielt wird und daher im Klavier- oder Gitarren-voicing weggelassen werden kann), die Terz und die Septe enthält. Alle weiteren Töne werden nach gewünschtem Klang und Dissonanzgrad ausgewählt. Verbindliche Regeln für die Auswahl der Alterationstöne gibt es nicht. Einige Beobachtungen können wir aber doch machen:

Folgt dem Dominantseptakkord ein Mollakkord, hat er fast immer Nonenalterationen; umgekehrt aber folgt einer Dominante mit alterierten Nonen nicht notwendig ein Mollakkord, sondern eine Auflösung in einen Durakkord ist ebenso gut möglich.

Dominanten, die sich nach Moll auflösen, haben eher die kleine Tredezime, solche, die nach Dur führen, eher die große, weil diese Töne dem diatonischen Kontext entstammen; doch sind im Interesse einer chromatischen Stimmführung und des Klanges auch Wendungen wie die folgenden durchaus üblich:

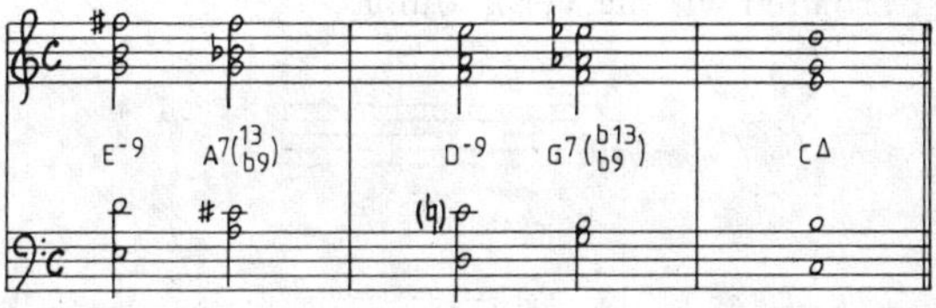

Der Tonikagegenklang E^{-7} von C-dur wird hier um die leiterfremde None $F^{\#}$ erweitert, dieser Ton bleibt im nächsten Akkord als große 13 liegen; gleichzeitig enthält dieser Klang jedoch auch die ♭9, d.h. einen

Ton aus dem D-dur-Bereich, einen aus dem d-moll-Bereich. Nach der leitereigenen Subdominantparallele folgt die Dominante $G^{7}(\substack{\flat 13\\ \flat 9})$, die eindeutig aus dem c-moll-Bereich stammt, sich aber nach C-dur auflöst. Betrachte den horizontalen Verlauf der Stimmen in diesem Beispiel!

Während die Alterationen ♭9, #9 und ♭13 der Dominante aus dem Tonvorrat der dazugehörigen Molltonika stammen und wir sie daher als »natürliche Alterationen« bezeichnen können, finden wir die Quintalterationen #5 und ♭5 weder im Dur- noch im Mollbereich vor; diese »künstlichen Alterationen« verschärfen den Klang und schaffen zusätzliche Leittöne.

Die übermäßige Quinte #5 der Dominante löst sich in die große Terz der Tonika auf:

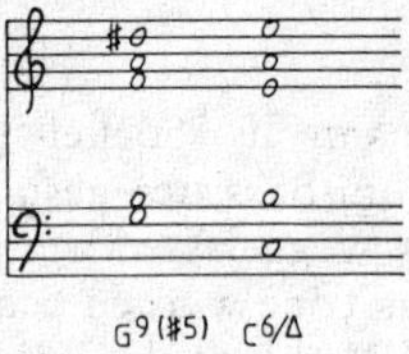

Die verminderte Quinte ist zusätzlicher Leitton in den Grundton der Tonika und ist daher besonders wirkungsvoll im Baß:

Ersetzen wir in diesem Beispiel den Dominantgrundton G durch die kleine None $A^{\flat}$, erhalten wir die Verbindung:

Betrachten wir den ersten Akkord näher, so stellen wir fest, daß er nach enharmonischer Vertauschung des B durch $C^{\flat}$ der Akkord $D^{\flat 7}$ ist!

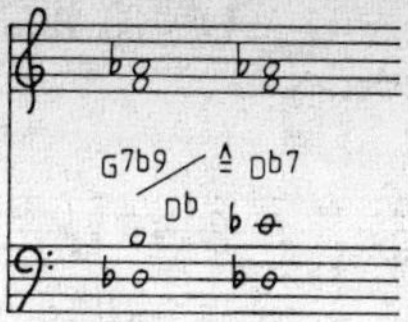

Dieses wichtige Phänomen, daß wir die Dominante G^7 sozusagen durch den einen Tritonus tiefer liegenden Dominantseptakkord $D^{\flat 7}$ ersetzen können, ist unter Jazzmusikern als *Tritonusvertauschung* (oder Tritonussubstitution) bekannt. Beide Akkorde enthalten das gleiche Tritonusintervall B–F:

Verfolgen wir noch einmal alle Schritte: Wir beginnen mit dem Dominantseptakkord G^7, legen seine Quinte D in den Baß, alterieren sie tief zu $D^{\flat}$, ersetzen den Grundton G durch die kleine None $A^{\flat}$ und vertauschen den Ton B enharmonisch mit $C^{\flat}$ und enden so bei $D^{\flat 7}$:

Wir bezeichnen den durch Tritonusvertauschung hervorgegangenen Akkord mit dem Funktionssymbol D^{TV}. Er löst sich einen Halbton tiefer nach Dur oder Moll auf:

$D^{\flat 7}$ $C^{\triangle}$ oder $D^{\flat 7}$ C^{-}.

Wenn wir diesen Akkord wie gewohnt durch Terzenschichtung erweitern, erhalten wir weitere Alterationen der ursprünglichen Dominante G^7: Die None $E^{\flat}$ von $D^{\flat 7}$ ist die $\flat 13$ von G^7, die # 11 G ist der Grundton von G^7 und die 13 $B^{\flat}$ von $D^{\flat 7}$ entspricht der #9 von G^7. Das heißt, ein bis zum Siebenklang erweiterter D^{TV} $D^{\flat 7}$ ist die Umkehrung eines total alterierten Dominantseptakkordes G^7:

Skalenmäßig gesprochen heißt das, daß der superlokrischen Leiter von G die Leiter $D^{\flat}$-mixolydisch (#4) entspricht.

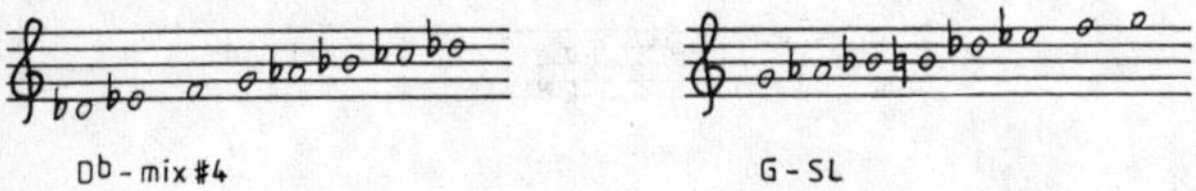

Zur Funktion D^{TV} gehört also grundsätzlich die Skala mixolydisch (#4).

Eine Alteration von Tönen des aus der Tritonenvertauschung hervorgegangenen Akkordes $D^{\flat 7}$ entspricht einer Rücknahme einer Alteration der ursprünglichen Dominante G^7: Die $\flat 5$ $A^{\flat\flat}$ entspricht dem Grundton G, die #5 A der großen None, die $\flat 9$ $E^{\flat\flat}$ der reinen Quinte D und die #9 $F^{\flat}$ der großen 13 E. Da also Alteration der Alteration eine Klangabschwächung ist, kommt sie entsprechend selten vor.

In der Jazzkadenz vertritt die tritonusvertauschte Dominante meist die reguläre:

| D^{-7} $D^{\flat 7}$ | $C^{\triangle}$ |

statt | D^{-7} G^7 | $C^{\triangle}$ |

und sorgt so für eine chromatisch fallende Baßlinie. Man kann die Entstehung der D^{TV} $D^{\flat 7}$ aus G^7 noch mehr verschleiern, wenn man so tut, als wäre $D^{\flat 7}$ die Dominante von $G^{\flat\triangle}$. Dies können wir durch vorhaltsmäßiges Vorschalten der Subdominantparallele $A^{\flat -7}$ von $G^{\flat}$ erreichen:

| $A^{\flat -7}$ $D^{\flat 7}$ | $C^{\triangle}$ |

Manchmal treten auch beide II-V-Paare hintereinander auf. Aus

| D^{-7} | G^7 | $C^{\triangle}$ | ⁒ ||

wird dann

| D^{-7} G^7 | $A^{\flat -7}$ $D^{\flat 7}$ | $C^{\triangle}$ | ⁒ ||.

Die Alteration einer Dominante kann schon durch die Komposition oder das Arrangement festgelegt sein; darüber hinaus werden Dominanten oft spontan bei der Improvisation alteriert. So kann beispielsweise ein begleitender Pianist bei dem Akkordsymbol G^7 nicht nur die üblichen Akkorderweiterungstöne 9 und 13 spielen, sondern etwa den Akkord $G^7\begin{pmatrix}13\\ \flat 9\\ \flat 5\end{pmatrix}$. Da er diese Alteration spontan vornimmt, ist es durchaus möglich, daß der Bläser, den er begleitet, nicht die zu diesem Akkord passende HG-Leiter spielt, sondern etwa mixolydisch. Die entstehenden Reibungen passen zum Spannungscharakter der Dominantfunktion. Umgekehrt kann natürlich auch der Pianist $G^7\binom{13}{9}$ spielen und der Bläser z. B. die superlokrische Skala.

Alterationen von Dominanten werden manchmal nicht im einzelnen angegeben, sondern stattdessen wird durch das Symbol »G^7 alt.« angedeutet, daß irgendwelche Alterationen vorzunehmen sind. Meistens steht dabei G^7 alt. für einen Akkord mit mindestens einer Nonen- und einer Quintalteration, also z. B. für:

$$G^7\binom{\flat 9}{\flat 5},\quad G^7\binom{\flat 9}{\sharp 5},\quad G\binom{\sharp 9}{\flat 13},\quad G\begin{pmatrix}\sharp 9\\ \flat 9\\ \flat 5\end{pmatrix} \text{ usw.}$$

Diese im dominantischen Bereich ganz üblichen Spontanalterationen (ohne die dem Jazz eine typische Farbe fehlen würde) sind naturgemäß im Tonika- und Subdominantbereich nicht möglich – mit Ausnahme der #11 bei der Durtonika, da ja die reine Undezime ohnehin nicht gespielt wird.

Noch einmal zurück zum Moll-Blues (s. S. 75 ff.). Die Takte 9–11 von ›Mr. P. C.‹ hatten die Harmonien:

$$|\ A^{\flat 7}\ |\ G^7\binom{\flat 13}{\flat 9}\ |\ C^{-7}\ |$$

Wir hatten den Akkord $A^{\flat 7}$ als sP^7, also als Durparallele der Mollsubdominante F^- mit kleiner Blues-Sept $G^\flat$ interpretiert. Wir sind jetzt in der Lage, den Akkord auch anders zu verstehen, nämlich als Tritonusvertauschung der Doppeldominante D^7, in Zeichen $D\!\!\!D^{TV}$. Beide Interpretationen liefern die gleichen Akkorderweiterungstöne und die gleiche Skala, nämlich mixolydisch (#4). Interessant ist hier, daß ein harmonisch so kompliziertes und raffiniertes Mittel wie das der Tritonusvertauschung auch auf »natürlichem« Wege zustande kommt, eben in einem Moll-Blues. Bei starker Alteration nähern sich subdominantische und dominantische Bereiche an (vgl. den sG $D^{\flat\triangle}$ mit der D^{TV} $D^{\flat 7}$!) und gehen sogar, wie in unserem Beispiel des Moll-Blues, ineinander über. Oder anders ausgedrückt: Bei zunehmender Chromatik im Akkordaufbau geht die Funktion eines Akkordes mehr und mehr verloren, und dieser wird schließlich, wie wir noch sehen werden, ein bloßer funktionsfreier Klang.

Übungen

1. Setze die folgenden changes fünfstimmig aus und schreibe eine Improvisation auf:

B♭ $\frac{4}{4}$	‖ Tg	(D^{TV})	Sp	D^{TV}	|
	| Tg	(D^{TV})	Sp	D^{TV}	|
	| (Sp	D)	S	$S\!\!\!S^{7}$	|
	| Tg	(D^{TV})	Sp D^{TV}	T	‖

2. Setze die folgende Akkordfolge fünfstimmig für Klavier aus; analysiere sie und schreibe eine dazu passende Melodie auf:

$\frac{4}{4}$ ‖	C^-	C^-/B	$C\ /B^{\flat}$	C^-/A	|
|	$A^{\flat\Delta}$	F^{-7}	$D^{ø}$	$G^{7}(^{\flat 13}_{\flat 9})$	‖
‖	C^-	C^-/B	$C^-/B^{\flat}$	C^-/A	|
|	$A^{\flat\Delta}$	F^{-7}	$F^{ø}$	$B^{\flat 7(\flat 9)}$	‖
‖	$E^{\flat\Delta}F^{-7}$	$G^{-7}\ F^{-7}$	$E^{\flat\Delta}F^{-7}$	$G^{-7}\ F^{-7}$	|
|	$E^{\flat\Delta}G^{7}(^{\flat 13}_{\# 9})$	$C^{-7}\ B^{\flat -7}\ E^{\flat 7}$	$A^{\flat\Delta}$	$D^{ø}\ G^{7}(^{\flat 13}_{\flat 9})$	‖
‖	C^-	C^-/B	$C^-/B^{\flat}$	C^-/A	|
|	$A^{\flat\Delta}$	$D^{ø}\ G^{7(\flat 9)}$	C^{-7}	$B^{\flat -7}\ A^{7(\# 11)}$	|
|	$A^{\flat\Delta}$	$F^{-7}\ B^{\flat 7(\flat 9)}$	$E^{\flat 6/9}$	$(D^{ø}\ G^{7(\flat 9)})$	‖

3. Betrachte das folgende Thema: ›Hot House‹ von Tadd Dameron:

a) Analysiere die changes (es sind die des Jazz-standards ›What Is This Thing Called Love‹ von Cole Porter). Hinweis: Während sich die A-Teile (Takt 1–8, 9–16, 25–32) ganz auf das Tonzentrum C beziehen lassen, liegt zu Beginn des B-Teils (Takt 17–24) eine Modulation nach B♭-dur vor!
b) Unterscheide in der Melodie chromatische Durchgangsnoten von Alterationen! Finde Akkorderweiterungen bzw. -alterationen, die zu der Melodie passen.

4. Finde changes, die zu der folgenden aufgeschriebenen Improvisation passen:

IX. Akkordverbindungen mit ständig wechselnden Zentren, Durchgangs- und Vorhaltsbildungen, Orgelpunkt

Im letzten Kapitel haben wir gesehen, daß durch das Vermischen von Dur- und Molltonbereichen sowie durch Akkordalteration der Vorrat an Akkorden und Akkordverbindungen, die sich auf ein gemeinsames Tonzentrum beziehen, außerordentlich groß wird. Manchmal sind dann Verwandtschaften nur noch rechnerisch zu belegen, nicht mehr mit dem Ohr nachzuvollziehen. Diese Grenze ist allerdings von Hörer zu Hörer verschieden und ist eine Sache der Erfahrung. Weiter haben wir gesehen, daß sich durch Alteration der subdominantische und der dominantische Bereich einander annähern können. In diesem Kapitel gehen wir nun einen Schritt weiter: Wir benutzen weiterhin die uns bisher bekannt gewordenen Akkorde, geben aber die Bindung an ein einziges tonales Zentrum auf. Wir erhalten dann Stücke mit wechselnden Tonzentren, die sozusagen »lokal« Tonarten aufweisen, diese aber schnell wieder verlassen und zu anderen übergehen; der lokale Zusammenhang der Akkorde ist funktionstheoretisch zu verstehen, die Verbindung einzelner lokaler Ebenen miteinander geschieht oft durch Sequenzen, also Wiederholung des gleichen Musters auf einer anderen Tonstufe.

1. II-V-I-Sequenzen

Bekanntes Beispiel ist das Stück ›Tune Up‹ von Miles Davis:

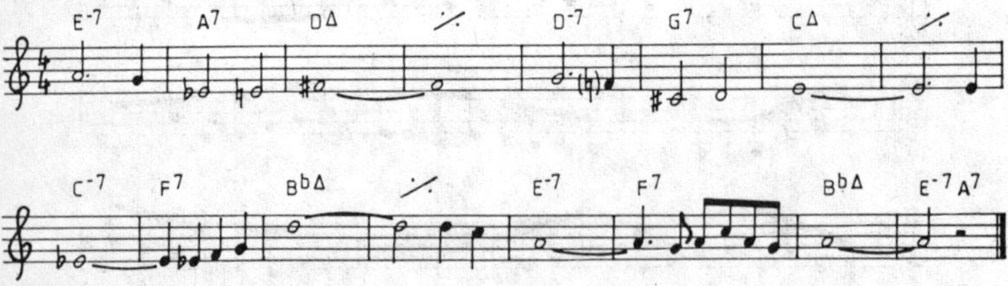

Nach einer II-V-I-Kadenz in D-dur wird der Tonikaakkord $D^{\triangle}$ nach Moll umgedeutet zu D^{-7} und dadurch zur Subdominantparallele der folgenden C-dur-Kadenz D^{-7} G^7 $C^{\triangle}$. Dann wiederholt sich das Ganze noch einmal einen Ganzton tiefer in B♭-dur. Wir haben also eine dreifache ganztonartig fallende II-V-I-Sequenz. Die einzelnen Sequenzglieder werden durch die »Vermollung« der Tonika zusammengehalten. Die vierte Zeile von ›Tune Up‹ beginnt zunächst wie die erste mit E^{-7}, der Sp in D-dur, doch es folgt nicht die erwartete Dominante A^7 von D, sondern der frei eintretende Dominantseptakkord F^7, der sich regulär nach B♭ auflöst. E^{-7} A^7 schließlich im letzten Takt ist ein II-V-Paar der Ausgangstonart D-dur. Melodisch interessant sind die #4-Vorhalte in den Takten 2 und 6.

Neben ganztonartig fallenden II-V-I-Sequenzen treten gelegentlich auch chromatisch fallende auf, wie in den Takten 9–16 der Sonny Rollins-Komposition ›Airegin‹:

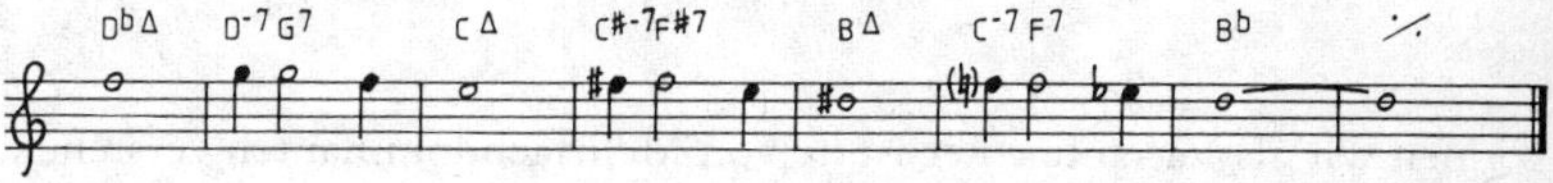

2. II-V-Sequenzen

Sie spielen im Jazz eine sehr große Rolle. Dabei sind viele Akkordverbindungen, die auf den ersten Blick nur wie eine II-V-Sequenz erscheinen, sogar funktionstheoretisch zu verstehen. Betrachten wir die einzelnen Sequenzmöglichkeiten:

Die ganztonweise abwärts gehende II-V-Sequenz kennen wir bereits als turnaround:

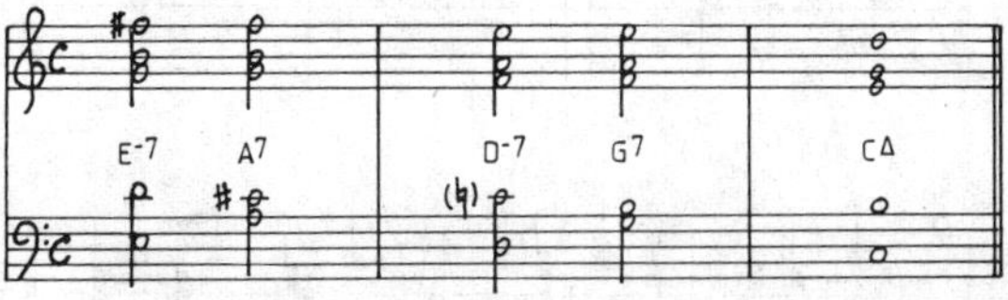

Außer als Sequenz läßt sich die Verbindung, wie wir gesehen haben, auch als | Tg (D) | Sp D | T || in C-dur interpretieren.

Die in fallenden Quinten (bzw. steigenden Quarten) fortschreitende II-V-Sequenz

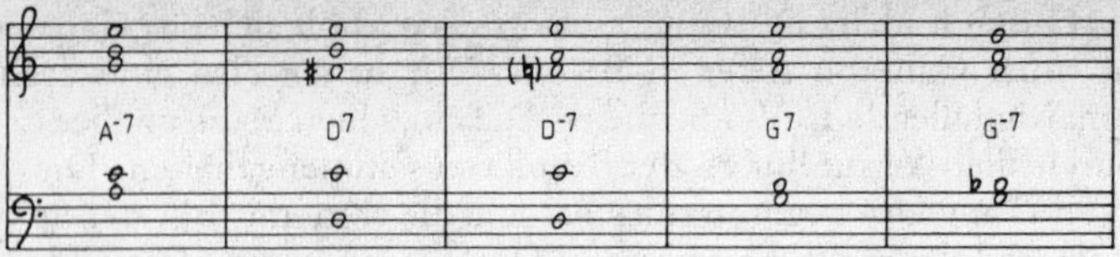

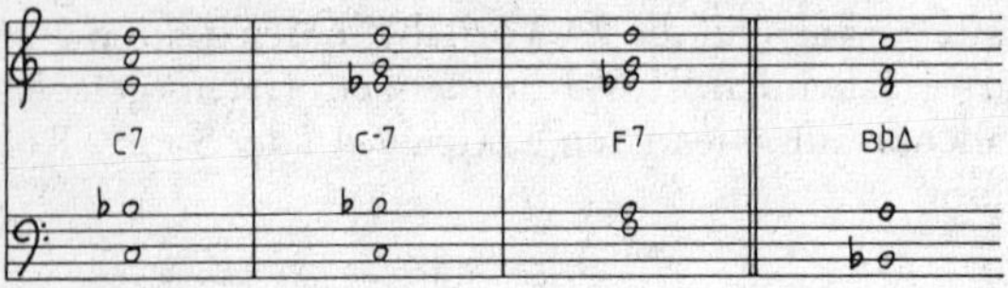

können wir als Variante einer Kette von Mehrfachdominanten verstehen, wie wir sie z.B. aus der bridge von ›I Got Rhythm‹ kennen (vgl. S. 60f.).

Jedem der dort zwei Takte lang gespielten Dominantseptakkorde wird vorhaltsmäßig ein Takt lang der eine Quinte höher stehende Mollseptakkord vorgeschaltet, so daß II-V-Paare entstehen.

Als nächstes den A-Teil der Duke Ellington-Komposition ›Satin Doll‹, dessen B-Teil wir schon im Kapitel über Zwischendominanten besprochen haben (s. oben S. 48):

Takt 3 und 4 sind eine um einen Ganzton nach oben versetzte Sequenzierung der ersten beiden Takte. Von Takt 4 nach Takt 5 fällt die Sequenz harmonisch eine Quinte tief und dann im Takt 6 eine kleine Sekunde nach unten. Die Verbindung

$$| A^{-7}\ D^{7}\ |\ A^{\flat -7}\ D^{\flat 7}\ |\ C^{\Delta}\ |$$

läßt sich auch funktionstheoretisch interpretieren: A^{-7} D^{7} wäre dann eine Zwischenkadenz in die Dominante G^{7} von C, die allerdings nicht selbst erscheint, sondern durch ihre Tritonusvertauschung $D^{\flat 7}$ ersetzt wird, der vorhaltsmäßig der eine Quinte höher stehende Mollseptakkord $A^{\flat -7}$ vorausgeht.

Dagegen läßt sich die chromatisch steigende II-V-Sequenz nicht funktionstheoretisch interpretieren; sie kommt auch erheblich seltener vor, so z. B. in dem Stück ›Moment's Notice‹ von John Coltrane (vgl. S. 129), das mit den Harmonien | E^{-7} A^{7} | F^{-7} $B^{\flat 7}$ | $E^{\flat \Delta}$ | beginnt.

Gleichfalls recht selten ist eine II-V-Sequenz in kleinen Terzen:

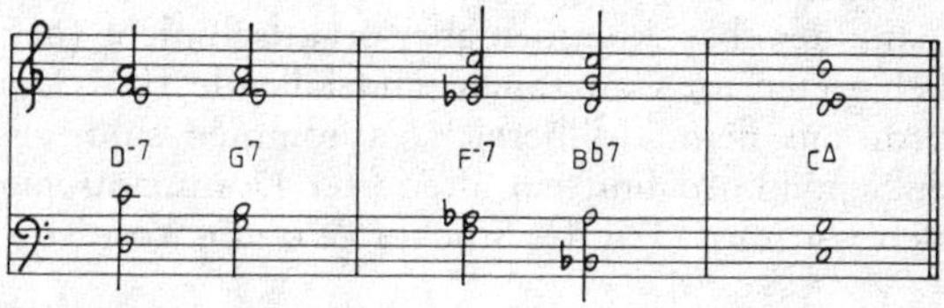

Diese Folge läßt sich funktionstheoretisch als

$$|\ Sp\ D\ |\ s^{7}\ \not{S}^{7}\ |\ T\ ||$$

deuten.

Verschieben wir eine II-V-Folge um einen Tritonus, so erhalten wir z. B.:

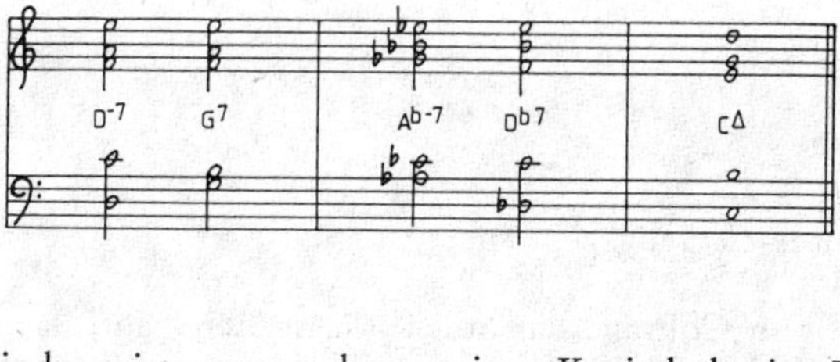

Diese Verbindung ist uns aus dem vorigen Kapitel als eine Version der Tritonusvertauschung bekannt.

Auch die durch eine Großterzverschiebung nach oben entstehende Verbindung

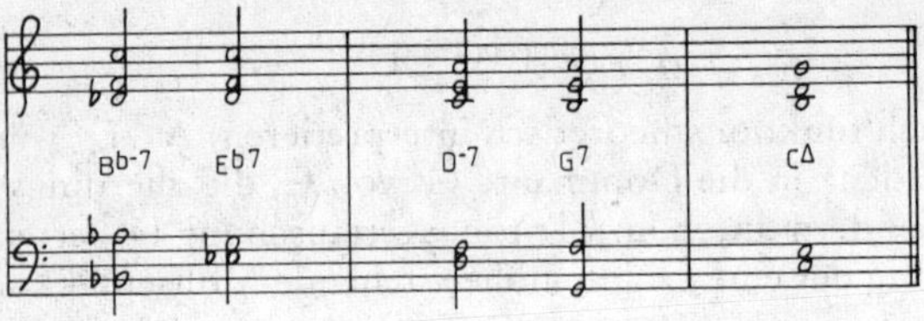

läßt sich durch Tritonusvertauschung erklären: $E^{\flat 7}$ ist hier tritonusvertauschte Zwischendominante zu D^{-7}, $B^{\flat -7}$ der dazugehörige Vorhaltsakkord.

Die verbleibenden drei Möglichkeiten, II-V-Folgen zu verschieben, nämlich um eine Quinte nach oben, um eine große oder eine kleine Terz nach unten, sind denkbar, kommen aber praktisch nicht vor.

Gelegentlich treten im Ganztonabstand fallende II-V-Sequenzen auf, deren Akkorde aus dem Mollbereich entnommen sind, also ein halbverminderter Septakkord und ein alterierter Dominantseptakkord. Ein Beispiel finden wir im A-Teil des Stückes ›Wood'n You‹ von Dizzy Gillespie:

3. Die *Coltrane-changes*

1959 nahm John Coltrane das Stück ›Giant Steps‹ auf, das in gewisser Weise einen Endpunkt des Spiels über changes darstellt. Betrachten wir diese Komposition:

Das Stück beginnt in B-dur, verläßt diese Tonart aber sofort durch die frei eintretende nach G modulierende Dominante D^7; von G geht es analog über $B^{\flat 7}$ nach $E^{\flat}$. Das heißt, in den ersten drei Takten haben wir bereits drei tonale Zentren, die sofort wieder verlassen werden. Diese drei Zentren B-dur, G-dur und $E^{\flat}$-dur stehen zueinander im Großterzverhältnis. Der vierte Takt moduliert mit einer Kadenz nach G. In den Takten 5–8 wiederholen sich die ersten vier Takte eine große Terz tiefer, haben also die gleichen Zentren G, $E^{\flat}$ und B. Die Takte 8–15 sind jeweils zweitaktige Jazz-Kadenzen in den Tonarten $E^{\flat}$-dur, G-dur, B-dur und wieder $E^{\flat}$-dur, also diesmal im Großterzzirkel aufwärts. Takt 16 moduliert zurück nach B.

Dieses sehr rasche Wechseln zwischen den im Quintenzirkel weit voneinander entfernten Tonarten B-dur, G-dur und $E^{\flat}$-dur zusammen mit dem sehr schnellen Tempo (𝅗𝅥 = 144) macht ›Giant Steps‹ zu einem der am schwersten zu spielenden Stücke der gesamten Jazzliteratur.

Das schnelle Durchlaufen des Großterzzirkels hat Coltrane in harmonischen Bearbeitungen von verschiedenen Jazz-standards angewandt. Als

Beispiel das Stück ›Countdown‹, eine Bearbeitung von ›Tune Up‹ (vgl. S. 98):

An der letzten Phrase in den Takten 13–16 fällt auf, daß sie harmonisch und melodisch weitgehend mit den entsprechenden Takten von ›Tune Up‹ übereinstimmen. E^{-7} ist die Subdominantparallele von D-dur, F^7 moduliert nach $B^\flat$-dur, wovon $E^{\flat 7(\sharp 4)}$ die Subdominante mit Blues-Sept ist. Zwei der drei Tonarten des Großterzzirkels D–$B^\flat$–$G^\flat$ werden also schon in der Originalkomposition verwendet. In der ersten Zeile von ›Countdown‹ werden bei halbtaktigem Harmoniewechsel alle drei Zentren angespielt und sofort wieder verlassen. Ein Vergleich der Originalchanges mit der Bearbeitung macht deutlich: beide haben den gleichen Anfangs- und Endpunkt; bei ›Countdown‹ wird jedoch zwischendurch eine sehr schnelle »Reise« durch weit entfernte Tonbereiche gemacht, während ›Tune Up‹ im diatonischen Bereich von D-dur bleibt:

Nach dem letzten Themendurchgang von ›Countdown‹ spielt Coltrane die folgende Coda:

Sie beginnt ähnlich wie die erste Themenzeile von ›Countdown‹ und mündet dann in eine Folge im Großterzabstand zueinander stehender großer Septakkorde:

$$D^{\triangle}\ B^{\flat\triangle}\ G^{\flat\triangle}\ D^{\triangle}\ B^{\flat\triangle}\ G^{\flat\triangle}\ D^{\triangle}.$$

Waren diese Akkorde im Thema von ›Countdown‹ noch durch Dominanten miteinander verbunden, so folgen sie in der Coda unmittelbar aufeinander. Solche Verschiebungen der gleichen Akkordstruktur um irgendwelche Intervalle nennen wir *Rückungen.*

Ein weiteres Beispiel für Rückungen finden wir am Ende der Joe Henderson-Komposition ›Black Narcissus‹:

Auch wenn die Akkorde hier untereinander verwandter sind als die in der Coda von ›Countdown‹, gehören sie keiner gemeinsamen Tonart an, was wir an den verwendeten Akkordtypen erkennen können.

Ein weiteres Beispiel für Rückungen der gleichen Akkordstruktur finden wir in dem Stück ›Maiden Voyage‹ von Herbie Hancock:

H. Hancock, ›Maiden Voyage‹

Der Akkordtyp, der hier verschoben wird, ist der Dominantseptakkord mit Vorhaltsquart (anstelle der Terz). Lediglich die vier Takte am Ende des B-Teils verwenden einen Mollseptakkord. Durch den Kontext wirkt der Akkord hier aber nicht als Vorhaltsakkord, sondern als selbständiger Klang. Seit ›Maiden Voyage‹ sind unzählige Kompositionen geschrieben worden, die den sus 4-Akkord in dieser Weise benutzen.

Der Akkord D^7 sus 4 wird oft auch mit A^{-7}/D (»A^{-7} über D«) bezeichnet. Zur Improvisation verwenden wir die Leiter D-mixolydisch oder A-dorisch und achten darauf, den Ton $F^{\#}$ (vorenthaltene Terz von D^7 sus 4) nicht auf Schwerpunkten zu spielen.

Weitere Besonderheiten von ›Maiden Voyage‹ sind die Verwendung einer zweitaktigen rhythmischen Ostinatofigur (im Gegensatz zur im Jazz sonst üblichen rhythmisch freien Begleitung) sowie die relativ lange Dauer jedes Akkordes mit vier Takten, was das Stück in die Nähe modaler Kompositionen rückt (vgl. Kap. XII).

5. Chromatische Vorhalts- und Durchgangsakkorde

Über melodische Vorhalte und Durchgänge haben wir bereits im Kapitel III gesprochen. Bilden mehrere Stimmen eines Akkordes jeweils horizontale chromatische Vorhalts- oder Durchgangsnoten, so bezeichnen wir den entstehenden Akkord als *(chromatischen) Vorhalts-* bzw. *Durchgangsakkord* (Bezeichnung: Vh bzw. Drg).

Ein sehr oft auftretendes Beispiel für einen chromatischen Durchgangsakkord haben wir schon bei einer Variante der ›I Got Rhythm‹-Harmonien kennengelernt (vgl. S. 60f.), nämlich den verminderten Septakkord auf der Stufe ♭ III, der zwischen Tg bzw. T und Sp steht, im Beispiel in $B^{\flat}$-dur also:

Ein chromatischer Vorhaltsakkord findet sich z.B. in dem Stück ›Spring Is Here‹ von Richard Rodgers/Lorenz Hart:

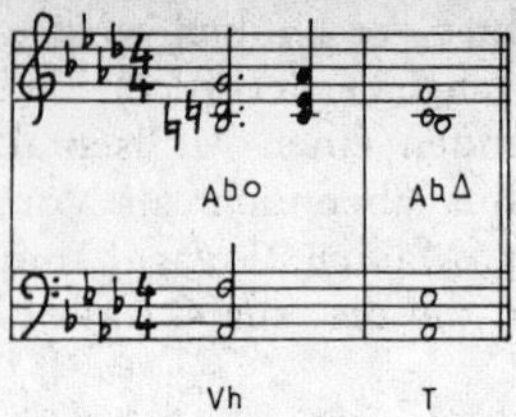

Chromatische Vorhalts- und Durchgangsakkorde müssen nicht immer verminderte Septakkorde sein, sondern können z. B. auch als Mollsept- oder halbverminderte Akkorde auftreten, wie das Beispiel der Komposition ›Night and Day‹ von Cole Porter zeigt.

Nach zwei für Cole Porter-Stücke typischen »gemischten Kadenzen« mit II- und V-Akkord aus c-moll, der Tonika aber aus C-dur (vgl. ›Hot House‹, S. 96f.), haben wir in den Takten 9–16 eine Folge mit chromatisch fallender Baßlinie, die wir interpretieren können als:

| $F^{\#ø}$ | F^{-7} | E^{-7} | $E^{\flat o}$ | D^{-7} | G^7 | C | C ||
| Vh | s^7 | Tg | Drg | Sp | D | T | ⁒ ||

Im B-Teil finden wir übrigens noch einmal Kleinterzrückungen eines großen Septakkordes.

6. Orgelpunkt

Noch einmal der Anfang des Stückes ›Spring Is Here‹: Über dem Grundton $A^\flat$ werden ein G-dur- und ein $A^\flat$-dur-Dreiklang verschoben (s. S. 108 oben). Geschehen solche Akkordverschiebungen über ruhendem Baßton (wie dem auf einem Orgelpedal gespielten) über eine längere Zeit, nennen wir das entstehende Phänomen *Orgelpunkt-* oder *Pedaltonharmonik*. Ein Beispiel hierfür ist der Anfang des Stückes ›On Green Dolphin Street‹ von Bronislav Kaper/Ned Washington:

Über dem Orgelpunkt $E^\flat$ rückt der Ausgangsakkord $E^{\flat\triangle}$ in Takt 3 eine kleine Terz hoch und dann chromatisch abwärts, wobei man in Takt 5 den Akkord $F^{\triangle}/E^\flat$ verwenden kann, um die gleiche Struktur zu verschieben, oder, wie wir es hier tun, $F^7/E^\flat$, um die starke Reibung zwischen den Tönen E, $E^\flat$ und F in $F^{\triangle}/E^\flat$ zu vermeiden. Als Skalen erhalten wir nach dem Einbettungsverfahren E♭-ionisch, E♭-dorisch (= G♭-lydisch), E♭-lydisch (= F-mixolydisch) und E♭-phrygisch (= E-lydisch).

Sehr wirkungsvoll kann die Verschiebung reiner Durdreiklänge über einem Orgelpunkt sein, wie das Stück ›Resolution‹ von John McLaughlin zeigt, in dem eine aufsteigende Mollskala (ohne Sekunde) in dieser Weise harmonisiert wird.

Den Anfangsakkord A♭/A dieses Stückes, der als Tonika wirkt, können wir als Alteration von a-moll auffassen und als Skala außer GH auch die »melodische Mollskala mit hinzugefügter #4« (mel Moll ⟨add #4⟩) verwenden.

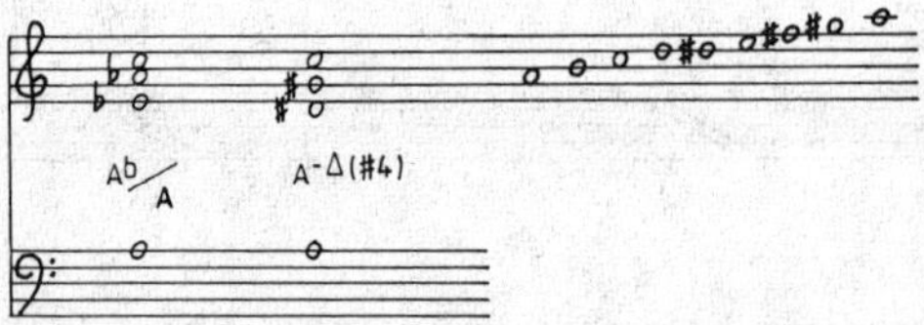

In der folgenden Tabelle 7 sind alle möglichen Durdreiklänge über dem Pedalton C mit möglichen Improvisationsskalen dargestellt. Diese beziehen sich, wenn nicht anders angegeben, stets auf den Anfangston C.

Tabelle 7

Durdreiklänge über Pedalton

	Bemerkung	Skalen
C		ionisch, mixolydisch, lydisch
$D^{\flat}$/C	auch $D^{\flat(\flat 5)}$/C	phrygisch, Flamenco, f-moll harmonisch
D/C	Umkehrung von D^7 C-lydisch	D-mixolydisch C-lydisch
$E^{\flat}$/C	C^{-7}	dorisch, äolisch, phrygisch
E/C	$C^{\triangle(\#5)}$	lydisch-übermäßig
F/C	Umkehrung von F	F-lydisch, -ionisch, -mixolydisch
$G^{\flat}$/C	Ausschnitt aus C^7 $\binom{\flat 9}{\flat 5}$ oder aus $C^{ø}$	HG, superlokrisch, lokrisch
G/C		ionisch, lydisch, melodisch Moll
$A^{\flat}$/C	Umkehrung von $A^{\flat}$	$A^{\flat}$-ionisch, -lydisch, -mixolydisch
A/C	Ausschnitt aus C^7 $\binom{13}{\flat 9}$	HG
$B^{\flat}$/C	C^7 sus 4	$B^{\flat}$-dur-Pentatonik, C-mixolydisch
B/C	C^{o}; $C^{-\triangle(\flat 5)}$	GH, melodisch Moll (add #4)

Übungen

1. Analysiere so viele standard-Jazzkompositionen wie möglich.
2. Bearbeite einen standard mit Coltrane-changes.
3. Überlege, welche Akkorde und Skalen sich bilden, wenn man Molldreiklänge, sus 4-Akkorde usw. über einen Orgelpunkt legt.
   Schreibe Stücke mit diesen Klängen.

In diesem Kapitel wird das bisher aufgetretene Akkord- und Skalenmaterial gesammelt und in kompakter Weise angeordnet, so daß man es zum Nachschlagen verwenden kann.

1. Das Akkordmaterial

In der Tabelle 8 sind alle bisher aufgetretenen Akkorde aufgelistet. Sie sind zunächst nach Akkordtypen geordnet: große Septakkorde, Mollseptakkorde, große Mollseptakkorde, Dominantseptakkorde, verminderte Septakkorde und schließlich halbverminderte Septakkorde. Innerhalb dieser Gruppen sind die Funktionen aufgeführt, in denen der jeweilige Akkord auftreten kann, sowie die Stufe, auf der die Funktion steht. Jeweils in der letzten Zeile jeder Gruppe ist eine Eintragung gemacht für den Fall, daß der Akkordtyp in keinem funktionstheoretisch interpretierbaren Zusammenhang auftritt, also z.B. bei Akkordrückungen. In der dritten Spalte sind – in Abhängigkeit von der jeweiligen Funktion – Akkorderweiterungstöne und mögliche Alterationen aufgelistet, in der vierten schließlich die sich daraus ergebenden Improvisationsskalen.

Tabelle 8

Akkord-familie	Funktion,	Stufe	Erweiterungstöne, Alterationen	Skalen
△	T	I	9, 13	ionisch
			#4	lydisch
			#4, #5	lydisch-übermäßig
	S	IV	9, #11, 13	lydisch
	tP, dG	♭III	9, 13	ionisch
			#4	lydisch
			#4, #5	lydisch-übermäßig
	sP, tG	♭VI	9, #11, 13	lydisch
	sG = sN	♭II	9, #11, 13	lydisch
	–	–	9, #11, 13	lydisch

Akkordfamilie	Funktion,	Stufe	Erweiterungstöne, Alterationen	Skalen
–7	Sp	II	9, 11, (13)	dorisch
	Tg, Dp	III	11, (13)	phrygisch
			9	äolisch
	Tp	VI	9, 11	äolisch
	t	I	9, 11	dorisch, äolisch
	s^7	IV	9, 11, 13	dorisch
	–	–	9, 11, 13	dorisch
–△	t	I	9, (11), (13)	melodisch Moll
			#4, ♭5	melodisch Moll add(#4), GH
	s^6, $s^{\triangle}$	IV	9, (11), (13)	melodisch Moll
	–	–	9, (11), (13)	melodisch Moll
7	D → T	V	9, 13	mixolydisch
	D^4 → T	V	sus 4, 9, 13	mixolydisch, neutrale Pentatonik
	D → t	V	♭9, #9, ♭13	Flamenco
	(D)	Quinte über Zielakkord	Zwischendominante	s. Tab. 4
			Alterationen der Dominante	s. Tab. 6
	D^{TV}	♭II	9, #11, 13	mixolydisch (#4)
	(D^{TV})	Halbton über Zielakkord	9, #11, 13	mixolydisch (#4)
	T^7	Blues I	9, 13	mixolydisch
			#9	Blues
	S^7	Blues IV	9, 13	mixolydisch, Blues-Skala der Tonika
			#11	mixolydisch (#4) Blues-Skala der Tonika
	SS^7	♭VII	9, #11, 13	mixolydisch (#4)
	sP^7	♭VI	9, #11, 13	mixolydisch (#4)
	–	–	9, 13	mixolydisch

(Fortsetzung nächste Seite)

Akkordfamilie	Funktion,	Stufe	Erweiterungstöne, Alterationen	Skalen
o	D^V	VII	s. Tab. 4	
	(D^V)	Halbton unter Zielakkord	s. Tab. 4	
	Drg, Vh		△7, 9, 11, ♭13	GH
	–		△7, 9, 11, ♭13	GH
ø	s^5_6	II in Moll	11, ♭13	lokrisch
			9	lokrisch (♮ 2)
	t_6	VI in Moll	9, 11, ♭13	lokrisch (♮ 2)
	–	–	9, 11, ♭13	lokrisch (♮ 2)

2. Das Skalenmaterial

Im Laufe unseres Studiums der Akkorde und Akkordverbindungen sind wir auf eine große Zahl von Skalen gestoßen, die wir jetzt der Übersichtlichkeit halber einmal unabhängig von Akkorden anordnen wollen, um uns einen Überblick zu verschaffen, wie die einzelnen Leitern untereinander zusammenhängen (s. Tabelle 9, S. 115).

Wir beginnen mit der Durtonleiter:

In ihr ist die Dur-Pentatonik enthalten:

Zwei ihrer Modi sind für uns von Bedeutung, nämlich der zweite, die neutrale Pentatonik,

Tabelle 9

Diagramm Skalen

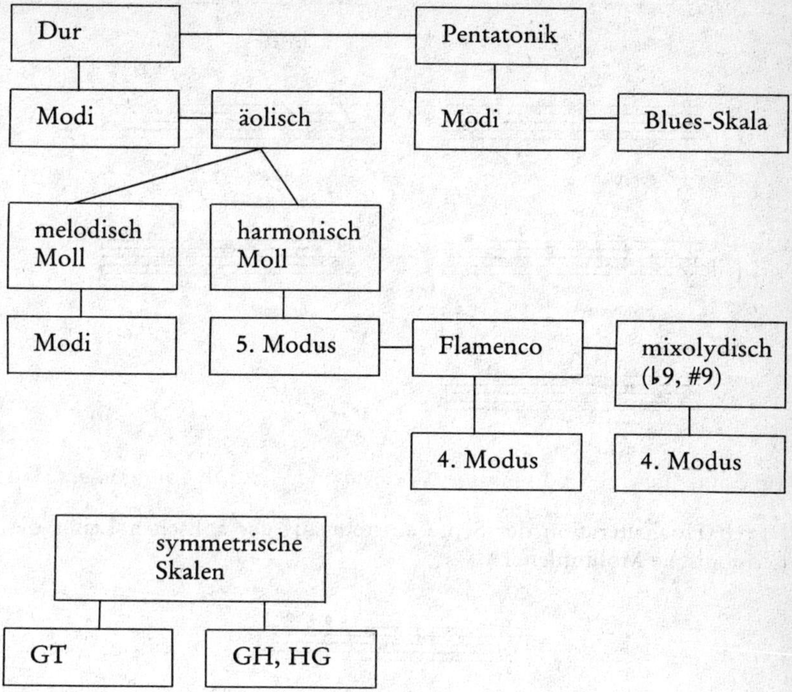

und der fünfte, die Moll-Pentatonik:

Durch Hinzufügen der verminderten Quinte erhalten wir die Blues-Skala:

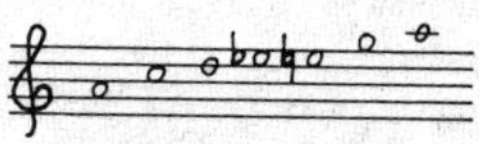

Von der Durtonleiter können wir die folgenden sieben Modi bilden:

ionisch

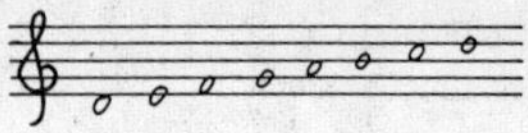

dorisch

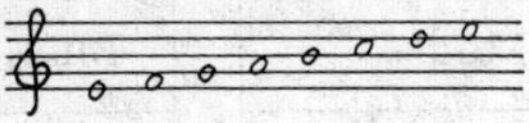

phrygisch

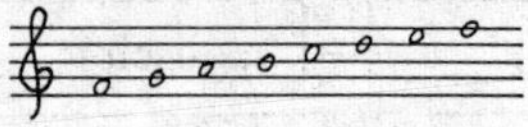

lydisch

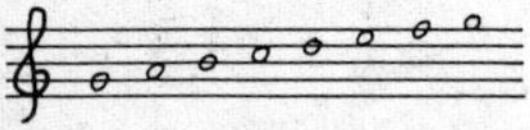

mixolydisch

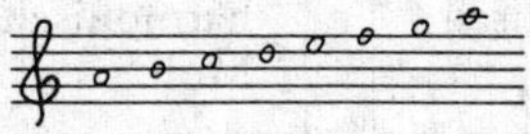

äolisch

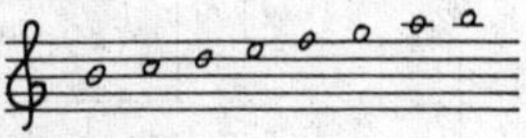

lokrisch

Durch Hochalteration der Septe entsteht aus der äolischen Leiter die harmonische Molltonleiter:

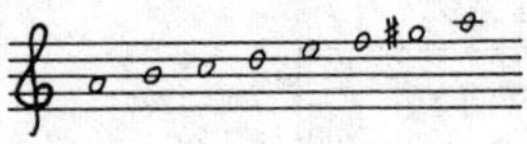

Für unsere Zwecke ist besonders ihr 5. Modus interessant:

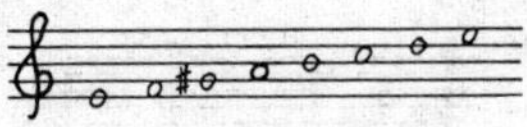

Durch Hinzufügen der kleinen Terz zu dieser Leiter erhalten wir die Flamenco-Skala:

Diese Skala können wir natürlich auch aus dem phrygischen Modus durch Hinzufügen der großen Terz ableiten. Im Zusammenhang mit verminderten Septakkorden ist der 4. Modus der Flamenco-Skala von Bedeutung:

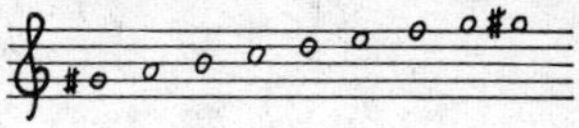

Wenn wir in der Flamenco-Skala die Sexte hochalterieren, bekommen wir die Leiter mixolydisch (♭9, #9):

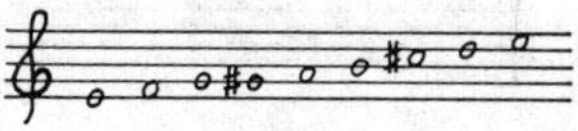

Ihr 4. Modus ist:

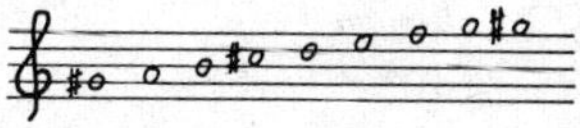

Wenn wir Septe und Sexte der äolischen Skala hochalterieren, kommen wir zur melodischen Molltonleiter (aufwärts):

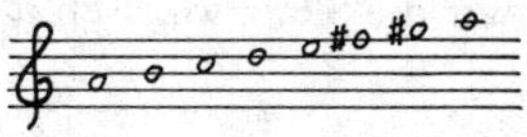

Auch diese Skala hat sieben Modi. Der 2. Modus* ist:

* Er könnte als »phrygisch mit großer Sexte« oder »dorisch mit kleiner Sekunde« bezeichnet werden. Diese Leiter ist in unseren bisherigen Zusammenhängen noch nicht aufgetaucht und hat nur eine geringe Bedeutung.

Im 3. Modus der melodischen Mollskala erkennen wir die lydisch-übermäßige Leiter:

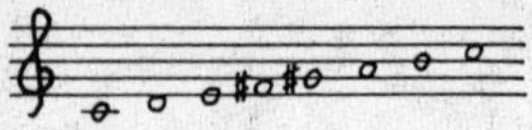

Der 4. Modus ist uns als mixolydisch (#4) oder lydisch (♭7) bekannt:

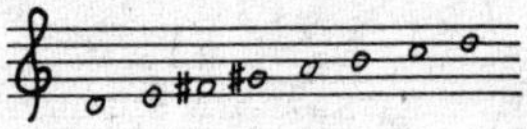

Der 5. Modus ist die Leiter mixolydisch (♭6):

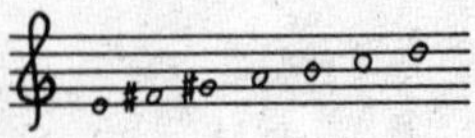

Auf der VI. Stufe finden wir die Skala lokrisch (♮2):

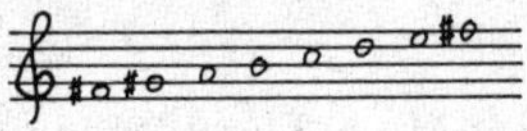

Der 7. Modus schließlich ist die superlokrische Leiter:

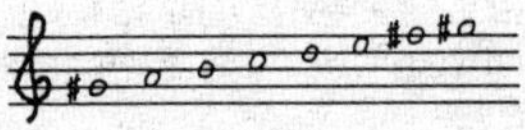

Schließlich haben wir noch die Gruppe der symmetrischen Skalen, zu denen die Ganztonleiter gehört:

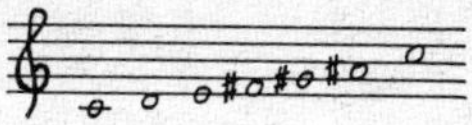

Von dieser gibt es (bis auf enharmonische Umdeutung) nur zwei Exemplare. Dagegen gibt es drei Ganzton-Halbton-Leitern:

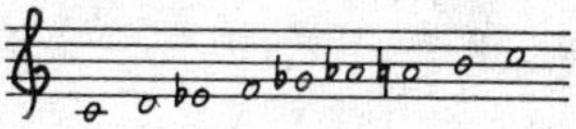

Der andere Modus dieser Leiter ist die Halbton-Ganzton-Leiter:

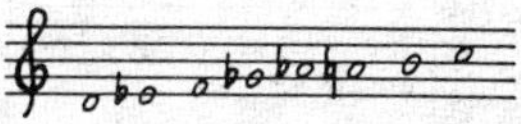

Damit haben wir uns einen Überblick über die wichtigsten im Jazz gebräuchlichen Skalen verschafft. Es ist natürlich noch eine große Zahl anderer Skalen denkbar, die man nach Bedarf bilden und anwenden kann. Bei siebentönigen Leitern mit zwei Halbton- und sonst Ganztonschritten gibt es allerdings (bis auf Modi) außer der Dur- und der melodischen Mollskala nur noch diese Leiter:

Da sie wie eine Ganztonleiter mit einem chromatischen Durchgangston klingt, ist sie ohne Bedeutung. In der Tabelle 10 (S. 120) sind noch einmal alle angegebenen Skalen von Ton C aus aufgelistet:

Tabelle 10

Skalen

ionisch

dorisch

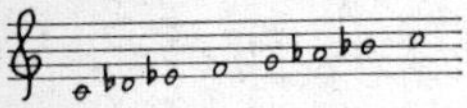
phrygisch

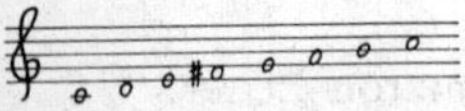
lydisch

mixolydisch

äolisch

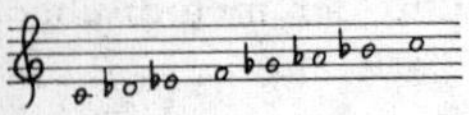
lokrisch

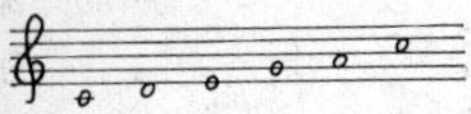
Dur-Pentatonik

neutrale Pentatonik

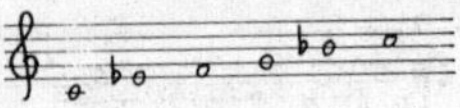
Moll-Pentatonik

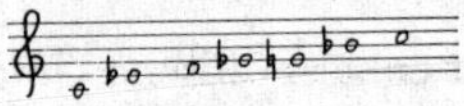
Blues-Skala

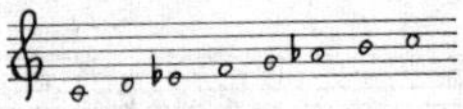
harmonisch Moll

harmonisch Moll (V)

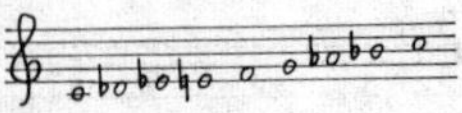
Flamenco-Skala

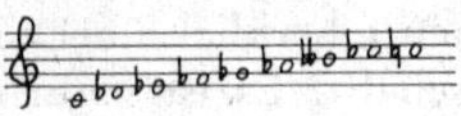
Flamenco (III)

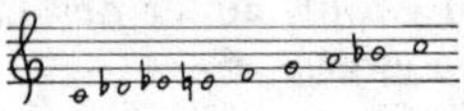
mixolydisch (b9, #9)

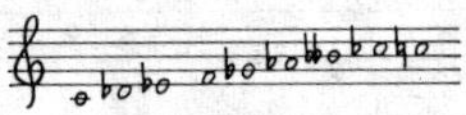
mixolydisch (b9, #9) (III)

melodisch Moll

dorisch (b2)
phrygisch (#6)

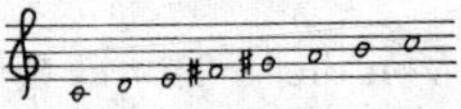
lydisch übermäßig

mixolydisch (#4)
lydisch (b7)

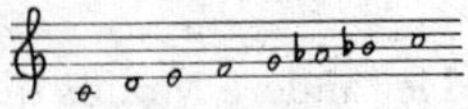
mixolydisch (b6)

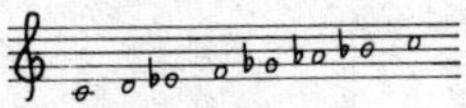
lokrisch (#2)
lokrisch (♮2)

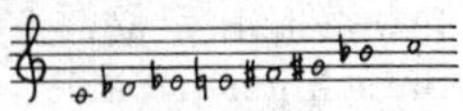
superlokrisch

Ganztonleiter

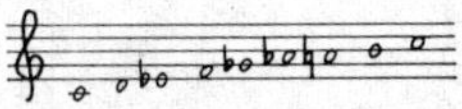
Ganzton-Halbtonleiter

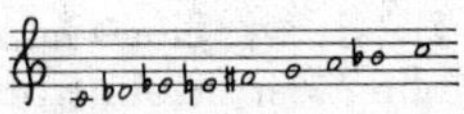
Halbton-Ganztonleiter

Übungen

1. Stelle ein Übungsprogramm zusammen, wie man nach und nach alle genannten Akkorde und Skalen auf dem eigenen Instrument spielen kann.
2. Übe das Material nicht nur mechanisch, sondern mache Musik damit!

In diesem Kapitel betrachten wir einige standards und Jazzkompositionen im ganzen. Sie benützen einerseits Akkordverbindungen, die typisch sind für diese Musik (Akkordverbindungsklischees) und andererseits solche, die besonders charakteristisch sind für das jeweilige Stück.

Unter den Noten sind jeweils die Tonarten und harmonischen Funktionen angegeben. Akkorderweiterungen und Skalen ergeben sich hieraus (vgl. Tabelle 8) und sind daher nicht mehr eigens aufgeführt.

1. ›Body and Soul‹

Die folgende, Ende der dreißiger Jahre von Johnny Green komponierte Ballade ist im Jazz durch die berühmte Platteneinspielung von Coleman Hawkins bekannt geworden und bis heute ein beliebtes Stück geblieben, von dem es viele interessante Aufnahmen gibt.

Der A-Teil des Stückes steht in D♭-dur und läßt sich ganz auf diese Tonart beziehen. Dennoch erscheint es dem Ohr zunächst so, als stünde das Stück in E♭-moll mit der Folge: [E♭–] : | t D | t S^7 | . $A^{\flat 7}$ wäre dann nicht nur Dursubdominante mit Blues-Sept, sondern gleichzeitig nach D♭ modulierende Dominante. Der Akkord $G^{\flat 7}$ im Takt 3 ist gleichzeitig Subdominante mit Blues-Sept und tritonusvertauschte Zwischendominante nach F^{-7}. Takt 5 und 6 können auch wieder in E♭-moll gehört werden als Modulation nach B♭-moll:

$$\boxed{E^{\flat -}} : | \ t \ \ \underset{7}{t} \ | \ \underset{6}{t} \qquad |$$

$$\qquad\qquad \boxed{B^{\flat -}} : D \ | \ t$$

Die Kadenz nach D♭-dur kommt erst in der zweiten Hälfte des Taktes 7. Nach der nur kurz erscheinenden Tonika $D^{\flat\triangle}$ kommt sofort wieder die Zwischendominante $B^{\flat 7}$ nach $E^{\flat -7}$ bzw. der in den in D-dur beginnenden B-Teil modulierende Akkord A^7. Beachte die blue note F♭ in der Melodie im Takt 7; viele Improvisatoren benutzen an dieser Stelle über den Akkorden $E^{\flat -7}$ $A^{\flat 7}$ die D♭-Blues-Skala (vgl. S. 42f.). Charakteristisch für den A-Teil ist also das Hin- und Herschweben zwischen den Tonarten e♭-moll und D♭-dur.

Der Mittelteil beginnt mit einer Parallelfortschreitung in D-dur, die über die leitereigenen Akkorde der Stufen I, II und III in die Mollsubdo-

J. Green, ›Body and Soul‹ *lead sheet*

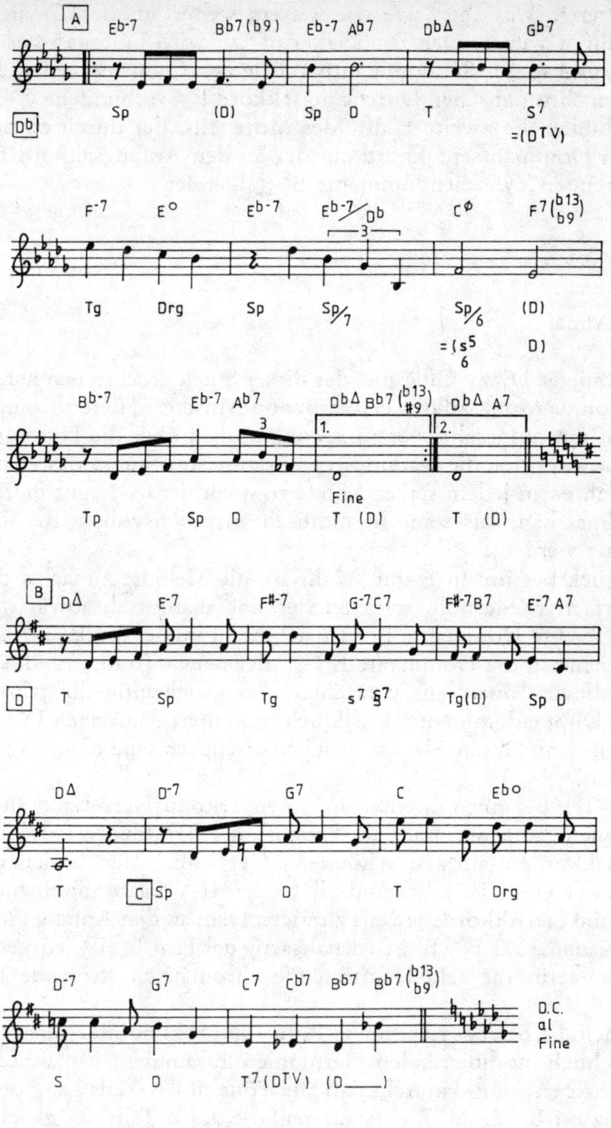

minante und die doppelte Subdominante führt und über eine turnaround-Figur nach $D^{\triangle}$ zurückgeht. Diese läßt sich auch als reale II-V-Sequenz interpretieren, was aber, wie wir wissen, weiter aus der Tonart D-dur herausführen würde. Der Tonikaakkord $D^{\triangle}$ wird in Takt 5 des B-Teils vermollt und so zur Subdominantparallele von C-dur umgedeutet. Zwei durch den chromatischen Durchgangsakkord $E^{\flat o}$ verbundene C-dur-Kadenzen bilden die zweite Hälfte des Mittelteils, der durch chromatisch fallenden Dominantseptakkord auf der an den Anfangsakkord $E^{\flat -7}$ zurückführenden Zwischendominante $B^{\flat 7}\binom{\flat 13}{\flat 9}$ endet.

2. ›Con Alma‹

Der Trompeter Dizzy Gillespie, der dieses Stück geschrieben hat, gehört mit Thelonius Monk zu den ersten Bebop-Musikern, deren Kompositionen nicht nur aufgeschriebene Improvisationen über die Harmonien einer Broadway-Melodie waren. Sein bekanntestes Stück, das er nun seit vierzig Jahren in jedem seiner Konzerte spielt, ist ›A Night in Tunesia‹. ›Con Alma‹ kann als seine harmonisch anspruchsvollste Komposition bezeichnet werden.

Das Stück beginnt in E-dur. Während die Melodie zunächst den Ton $G^{\#}$ mehrfach wiederholt, schreitet der Baß diatonisch abwärts. Die in Takt 2 erreichte Dominante B^{7} löst sich nicht in die Tonika $E^{\triangle}$, sondern überraschend in die Dominante $B^{\flat 7\,(\flat 9)}$ der neuen Tonika $E^{\flat}$-dur auf. B^{7} ist von dieser Tonart aus betrachtet also gleichzeitig die tritonusvertauschte Doppeldominante. Das Stück moduliert dann nach $D^{\flat}$, von wo aus sich in den Takten 5–8 das gleiche Geschehen eine kleine Terz tiefer wiederholt.

Der B-Teil beginnt mit einer um einen Tritonus versetzten alterierten II-V-Sequenz, die wir auch als Variante der Tritonusvertauschung mit Vorhaltsakkorden auffassen können: Gegenüber der üblichen Folge | $F^{\#-7}$ | B^{7} | C^{-7} | F^{7} | $E^{\triangle}$ sind die beiden II-V-Paare miteinander vertauscht und die Akkorde jeweils alteriert. Dem an den Anfang zurückleitenden Kadenzpaar $F^{\#-7}$ B^{7} ist vorhaltsartig das Paar F^{-7} $B^{\flat 7}$ vorgeschaltet: ein Beispiel für die selten auftretende chromatisch steigende II-V-Sequenz.

Die Melodie bewegt sich nur in Prim- und Sekundintervallen und hält so die schnell modulierenden Harmonien zusammen. Ein weiterer Zusammenhalt entsteht dadurch, daß alle Töne des A-Teils ganz der Halbton-Ganzton-Leiter auf E entstammen, die des B-Teils der gleichen Leiter auf F.

D. Gillespie, ›Con Alma‹

3. ›Stella by Starlight‹

Das folgende, Ende der vierziger Jahre als Filmmusik von Victor Young geschriebene Stück ist auch heute noch ein beliebtes, wenn auch nicht gerade leicht zu spielendes Stück. Was auf den ersten Blick wie eine mehr oder weniger zufällige Aneinanderreihung von II-V-Verbindungen erscheint, entpuppt sich bei näherer Betrachtung als raffiniertes Spiel mit Zwischendominanten und -kadenzen.

Die Tonart $B^{\flat}$-dur ist an den changes nicht unmittelbar zu erkennen. Die Melodie und die Schlußkadenz lassen diese Tonart vermuten, und in der Tat zeigt unsere Analyse, daß das Stück die erweiterte Tonalität von $B^{\flat}$-dur kaum verläßt. Der Anfang des Stückes ist zunächst nicht leicht zu verstehen; zwar ist $E^{ø}$ $A^{7(\flat 9)}$ ein zum Tonikagegenklang D^{-} gehörendes II-V-Paar, doch erstens löst es sich nicht dorthin auf und zweitens wäre die Funktion Tg für D^{-7} hier auch kaum zu hören. Wie kommt es zu dieser eigenartigen Verbindung? Wir finden des Rätsels Lösung, wenn wir die ursprüngliche Harmonisierung der ersten beiden Takte betrachten. Victor Young hatte den Akkord $B^{\flat o} = A/B^{\flat}$ verwendet, den wir schon aus dem Stück ›Spring Is Here‹ (s. S. 108 oben) als chromatischen Vorhaltsakkord kennen. Die erwartete Vorhaltsauflösung nach $B^{\flat\triangle}$ bleibt hier allerdings aus. Statt dessen lösen sich die Mittelstimmen C# und E des verminderten Septakkordes chromatisch abwärts in die Töne C und $E^{\flat}$ von C^{-7} auf. Diese Auflösung kennen wir aus der Verbindung D^{-7} $D^{\flat o}$ C^{-7} F^{7}. $B^{\flat o}$ wäre dann eine Umkehrung von $D^{\flat o}$ oder, enharmonisch vertauscht, $C^{\# o}$. Diesen Akkord könnten wir auch als unvollständigen Dominantseptakkord mit kleiner None interpretieren, also als Teil von $A^{7(\flat 9)}$. Schalten wir diesem Akkord vorhaltsmäßig den entsprechenden halbverminderten Akkord vor, erhalten wir die Akkordfolge am Anfang von ›Stella by Starlight‹, die heute meistens verwendet wird. Diese Reharmonisation stammt angeblich von dem Pianisten Bill Evans.

Das Kadenzpaar C^{-7} F^{7} wird nicht in die Tonika $B^{\flat\triangle}$ aufgelöst, sondern ihm folgt eine Zwischenkadenz in die Subdominante $E^{\flat\triangle}$ mit nachfolgender doppelter Subdominante $A^{\flat 7}$. Erst dann, in Takt 9, erscheint zum ersten Mal die Tonika $B^{\flat\triangle}$, allerdings um sofort wieder verlassen zu werden: es folgt nämlich eine Modulation nach D-moll. D^{-7} ist hier nicht Tg von $B^{\flat}$-dur, wie die Melodienote E im Takt davor zeigt. Von D-moll geht es aber sofort weiter in die parallele Durtonart F-dur (wegen der großen Sept im Akkord $F^{\triangle}$ ist F hier nicht Dominante von $B^{\flat}$-dur). Das nachfolgende Kadenzpaar G^{-7} C^{7} löst sich irregulär nach $A^{ø}$ auf, dem ersten Glied eines Zwischenkadenzpaares nach g-moll, der Tonikaparallele von $B^{\flat}$-dur. Doch auch dieser Klang erscheint nicht, sondern statt dessen $G^{7(\flat 13)}$, die Zwischendominante nach C^{-7}. Der Schritt von der Subdominantparallele C^{-7} zur doppelten Subdominante $A^{\flat 7}$ mag zu-

V. Young, ›Stella by Starlight‹

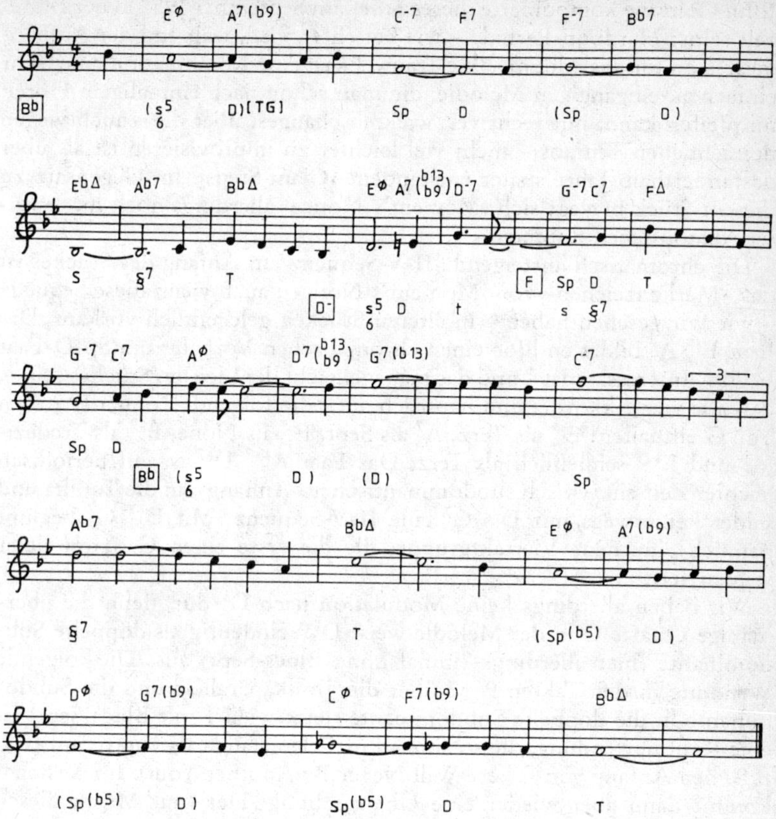

nächst abenteuerlich erscheinen, doch er ist nur eine Variante der erweiterten Plagalschlüsse S s T oder S $\S^7$ T. Die letzten acht Takte sind eine dreifache ganztonartig fallende Sequenz von alterierten II-V-Paaren. Die Melodie nimmt hier wieder die Anfangsphrase auf, wieder mit den Akkorden $E^ø$ $A^{7(b9)}$, die sich allerdings diesmal regulärer auflösen als am Anfang des Stückes.

4. ›Moment's Notice‹

John Coltrane komponierte dieses Stück im September 1957 in der Blütezeit seiner Hardbop-Periode – wie berichtet wird, während der Aufnahmesession für das Album ›Blue Train‹. Es ist eine Kombination einer sehr einfachen, eingängigen Melodie, die man schon nach einmaligem Hören mitpfeifen kann, mit recht verzwickten changes, über die – auch wegen des schnellen Tempos – nicht viel leichter zu improvisieren ist als über das anderthalb Jahre später entstandene ›Giant Steps‹. Im Gegensatz zu diesem Stück bewegt sich ›Moment's Notice‹ allerdings noch im erweitert-diatonischen Rahmen.

Die chromatisch ansteigende II-V-Sequenz am Anfang des Stückes ist das »Markenzeichen« von ›Moment's Notice‹, auch wenn diese Sequenz – wie wir gesehen haben – in älteren Stücken gelegentlich vorkam. Das Paar E^{-7} A^{7} bildet en bloc einen chromatischen Vorhalt zum Sp-D-Paar F^{-7} $B^{\flat 7}$. Interessant ist – und das mag vielleicht die Idee des Stückes sein –, daß alle vier Akkorde, und natürlich auch die folgende Tonika $E^{\flat\triangle}$, den Ton G enthalten: E^{-7} als Terz, A^{7} als Sept, F^{-7} als None, $B^{\flat 7}$ als Tredezime und $E^{\flat\triangle}$ schließlich als Terz. Das Paar $A^{\flat -7}$ $D^{\flat 7}$ ist auf periodisch leichter Zeit ein typisch subdominantischer »Anhang« an die Tonika und bildet keineswegs mit D^{-7} G^{7} eine II-V-Sequenz. Mit D^{-7} G^{7} beginnt nämlich eine neue Viertaktgruppe, die die erste einen Ganzton tiefer sequenziert.

Wir haben allerdings keine Modulation nach $D^{\flat}$-dur, denn die übermäßige Quarte G in der Melodie weist $D^{\flat\triangle}$ eindeutig als doppelte Subdominante (hier allerdings einmal ohne Blues-Sept) aus. Die folgende Wendung in den Takten 9–12 über die Tonikaparallele und die Subdominante in die doppelte Subdominante (jetzt wieder mit Blues-Sept) ist eine Routinewendung, die so ähnlich in vielen standards vorkommt (vgl. z.B. den Anfang von ›There Will Never Be Another You‹). Im Kasten 1 kommt dann aber wieder eine Überraschung. Der (mit Musik diesen Genres vertraute) Hörer erwartet jetzt | G^{-7} $C^{7(\#9)}$ | F^{-7} $B^{\flat 7}$ | $E^{\flat\triangle}$ oder eine Variante hiervon. Statt dessen löst sich die Zwischendominante $C^{7(\#9)}$ nicht auf, sondern es folgt eine Ausweichung in die Molltonikaparallele. Nach der Wiederholung folgt im Kasten 2 dann tatsächlich die schon beim ersten Mal erwartete turnaround-Wendung, wobei die Auflösung von $B^{\flat 7}$ durch eine diatonische Parallelbewegung über den orgelpunktartig gehaltenen Dominantgrundton $B^{\flat}$ um sechs Takte hinausgezögert wird.

J. Coltrane, ›Moment's Notice‹

5. ›Time Remembered‹

Das Stück stammt von dem Pianisten Bill Evans, der es 1962 erstmals aufgenommen hat. Die Komposition erscheint wegen der einfachen Akkorde und der vielen Quintverwandtschaften auf den ersten Blick konventionell, doch wenn wir genauer hinsehen, stellen wir fest, daß sie nicht nur keine Tonart hat, sondern nicht einmal wechselnde Tonzentren, die mehrere Akkorde zusammenfassen.

B^{-9} $C^{\triangle(\#11)}$ erscheint zunächst wie eine Verbindung in B-phrygisch, doch widerspricht dem die große None $C^{\#}$ in B^{-9}. Ähnlich verhält es sich mit $F^{\triangle(\#11)}$ E^{-9}. Es folgt ein Quintfall von Mollseptakkorden A^{-7} D^{-7} G^{-7},

sodann zwei quintverwandte große Septakkorde, die aber nicht zu einer Tonart gehören, da beide die lydische Quarte in der Melodie haben. Nun folgen fünf Mollseptakkorde im fallenden Quintabstand, dann einer im Halbtonschritt nach unten und in einer Quinte nach oben. Während der Akkordtyp weiter fest bleibt, kommen nun als Baßintervalle auch große und kleine Terzen sowie übermäßige Quarten vor. Im viertletzten Takt erscheint ein großer Septakkord $E^{\flat\triangle}$, der zusammen mit D^{-9} und C^{-9} eine Parallelverbindung in C-dorisch bilden könnte, aber die None E in D^{-9} und die Melodienote B widersprechen dieser Annahme.

So ist ›Time Remembered‹ ein Stück mit nur scheinbaren tonalen Zusammenhängen. Die Akkorde stehen alle isoliert nebeneinander, d.h. keine zwei aufeinander folgenden Akkorde gehören einer gemeinsamen Tonart an. Die zwanzig (dorischen) Mollseptakkorde und die fünf (lydischen) großen Septakkorde sowie das Fehlen jeder Dominante erzeugen eine eigenartig schwebende, melancholische Stimmung.

6. ›Stray‹

Diese 1981 entstandene Komposition des Bill Evans-Schülers Richie Beirach (Notenbeispiel s. S. 132) hat auf den ersten Blick eine gewisse Ähnlichkeit mit ›Time Remembered‹, benutzt sie doch auch vorwiegend Mollakkorde, die scheinbar nicht miteinander zusammenhängen. Doch betrachten wir das Stück genauer!

Das Stück beginnt mit vier im steigenden Kleinterzabstand zueinander stehenden Mollseptakkorden, von denen der zweite eine verminderte Quinte (und große None) und der vierte eine große Sept haben. Die Figur mündet in eine Wechselfigur über dem Orgelpunkt: $B^{\flat}$ sus (add 9)* und $G^{\flat\triangle}/B^{\flat}$. Beide zusammen ergeben die $B^{\flat}$-äolische Leiter und damit ein eindeutiges tonales Zentrum. Wir können also nachträglich C^{-9} als Subdominantparallele und $E^{\flat-\triangle}$ als Mollsubdominante von $B^{\flat}$-dur auffassen, die überraschend in die gleichnamige Molltonart weitergeführt werden, wenngleich diese nicht expliziert gespielt, sondern nur von den wechselnden Akkorden impliziert wird. Den beiden im Kleinterzabstand zueinander stehenden Subdominantformen werden zwei Mollakkorde jeweils in kleinen Terzen vorangestellt. Das heißt, wenn wir die acht Takte jetzt wieder von vorn nach hinten durchspielen, merken wir, wie zunächst Akkorde gerückt (und dabei im Typ ein wenig verändert) werden und sich dann unversehens das Gefühl einer – allerdings nicht explizier-

* Dieser Akkord ohne Sept ist keine Dominante mit Vorhaltsquart, sondern Molltonika ohne Terz; das Tongeschlecht ergibt sich aus dem Zusammenhang.

ten – Tonalität einstellt. Betrachten wir nun die zweiten acht Takte. Hier haben wir jetzt zunächst eine Großterzrückung von Mollakkorden, wobei wir B/C als $C^{-\Delta(\flat 5)}$ hören. Der letzte Akkord dieser Kette, $A^{\flat -9}$, stellt sich im weiteren Verlauf als Mollsubdominante, $B^{\flat 7}$sus $4^{(\flat 9)}$ als Dominante (mit unaufgelöster Vorhaltsquart) von $E^{\flat}$-moll heraus, was implizit durch den Wechsel von $A^{\flat -6}$ und $E^{\flat}$ sus (add 9) über dem Orgelpunkt $E^{\flat}$ entsteht. Die dritte Periode dieses Stückes beginnt mit einer Folge nicht funktionsmäßig bestimmter Durchgangsakkorde über in Sekundschritten sich abwärts bewegendem Baß, die in den Schlußakkord $E^{\flat}$/E mündet, welcher als Alteration von E-moll angesehen werden kann.

Ende der fünfziger Jahre empfanden einige Jazzmusiker das Spiel über changes als eine Sackgasse. Einerseits waren die Akkordfortschreitungen so kompliziert geworden, daß sie kaum noch melodische Freiheit zuließen. So zeigt eine Analyse des ›Giant Steps‹-Solos von John Coltrane, daß er bei den besonders schweren changes am Anfang jeder Strophe immer dieselben Phrasen spielt. Andererseits war einigen Musikern der Zusammenhang von Akkorden und Skalen klarer geworden. Anstatt nun weiter die Akkorde gewissermaßen in Skalen zu »übersetzen« und damit zu improvisieren, wurden gleich Skalen als Ausgangsmaterial gewählt. So sagte der Trompeter Miles Davis im Dezember 1958 in einem Interview:

»... All chords, after all, are relative to scales and certain chords make certain scales ... You go this way, you can go on forever. You don't have to worry about (chord) changes and you can do more with the (melodic) line ... I think a movement in jazz is beginning away from the conventional string of chords, and a return to emphasis on melodic rather than harmonic variations. There will be fewer chords but infinite possibilities as to what to do with them.«*

Dies war die Geburtsstunde des »modalen Jazz«. Ein Beispiel für ein modales Stück ist ›Flamenco Sketches‹, das auf der Miles Davis-LP ›Kind of Blue‹ aufgenommen ist (Notenbeispiel s. S. 134 oben). Es hat kein Thema, sondern nur eine Reihenfolge von Skalen, wobei mit jeder Skala vier oder acht Takte improvisiert werden können. Ob wiederholt wird oder nicht, wird spontan entschieden. Dieses Spielkonzept, das den formalen Ablauf eines Stückes bis zu einem gewissen Grade offenläßt, hat sich bis heute noch nicht allgemein durchgesetzt, da es ein hohes Maß an Kommunikationsfähigkeit in der Gruppe erforderlich macht.

Erfolgreicher waren Stücke wie das auf der gleichen LP erstmals veröffentlichte, ebenfalls von Davis stammende Stück ›So What‹, das eine konventionelle AABA-Form hat. Für den A-Teil siehe Notenbeispiel auf Seite 134 unten. Der B-Teil geht genauso, nur einen Halbton höher. Auch die Improvisationen laufen in AABA-Form ab, wobei jeder Teil acht Takte lang ist und im A-Teil die D-dorische Skala, im B-Teil die E$^{\flat}$-dorische Skala verwendet wird.

* Zitiert nach Ian Carr, Miles Davis, New York 1982, S. 106, deutsche Übs. von Werner Schmitz, Baden/Schweiz 1985.

M. Davis, ›Flamenco Sketches‹

Jede Zeile wird ein- oder zweimal gespielt.

M. Davis, ›So What‹, A-Teil

1. Harmonische Begleitmöglichkeiten beim modalen Spiel

Grundsätzlich kann der Pianist oder Gitarrist zu jeder Zeit jeden aus der Skala zu bildenden Akkord spielen; er ist also bei einem Stück in D-dorisch keineswegs dazu verdammt, die ganze Zeit über D^{-7} zu spielen!

Möglich sind zunächst alle leitereigenen, auf Terzenschichtung basierenden Drei-, Vier- und Fünfklänge. Dreiklänge waren ja im Spiel über changes kaum verwendet worden; doch durch das Wechseln verschiedener Dreiklänge über gleichbleibendem Orgelpunkt entstehen – wie wir gesehen haben – interessante Klänge.

Ein wichtiger Spezialfall ist der, nicht alle sieben leitereigenen Klänge zu benutzen, sondern sich auf zwei nebeneinanderliegende Dreiklänge zu beschränken. Da diese keinen gemeinsamen Ton haben, können mit ihnen schon sechs Töne der Skala harmonisiert werden; für den siebten Ton muß ein dritter Dreiklang hinzugezogen werden. In der Tabelle 11 (S. 136) sind Beispiele angegeben, wie man die sieben Modi der Durtonleiter in dieser Weise harmonisieren kann.

Der besseren Vergleichbarkeit halber basieren hier alle Modi auf dem gleichen Grundton C; sie sind in der Reihenfolge von (klanglich) dunkel nach hell angeordnet. Wir benutzen in der Tabelle 11 (außer bei der Harmonisierung der lokrischen Skala) nur Dur- und Molldreiklänge, aber keine verminderten Dreiklänge, da diese klanglich zu sehr herausfallen würden.

Man kann sich bei der *Harmonisierung der Modi* sogar auf zwei nebeneinanderliegende *Dur*dreiklänge beschränken, nämlich auf die Subdominante und die Dominante der Durtonart mit den gleichen Vorzeichen. Beispiel: C-äolisch. Die dazugehörige Durtonart ist E♭-dur, davon Subdominante und Dominante sind A♭ und B♭, eine Leiterharmonisierung ist also:

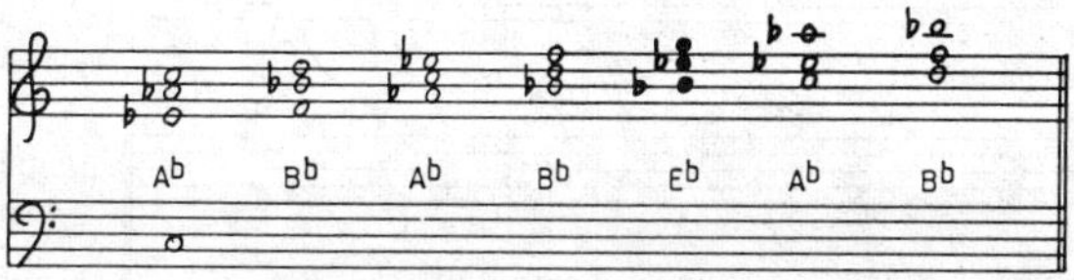

Nachteil dieses Verfahrens ist, daß – wie hier – der Grundton des Modus nicht immer mit dem Tonikadreiklang harmonisiert wird.

Ähnliche Harmonisierungen der Modi wie mit Dreiklängen sind natürlich auch mit nebeneinanderliegenden Vierklängen möglich.

Tabelle 11

Harmonisierung der Modi mit nebeneinanderliegenden Dreiklängen

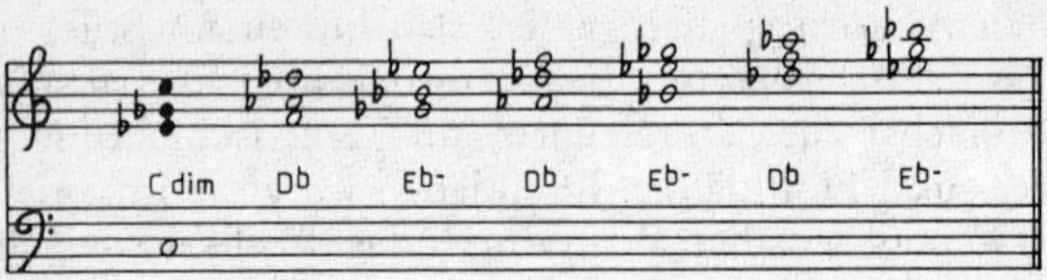

C-lokrisch

♭II, ♭III-

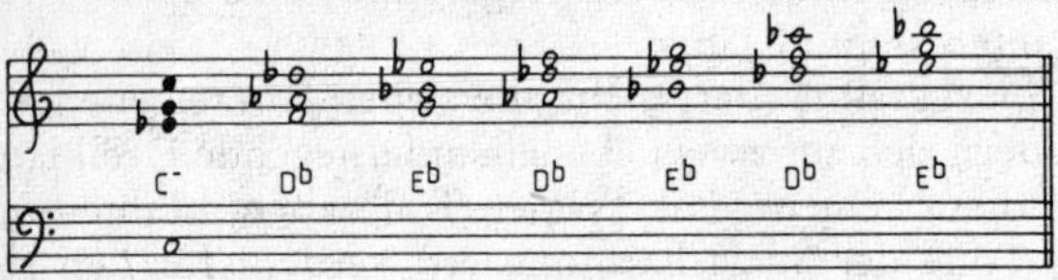

C-phrygisch

♭II, ♭III

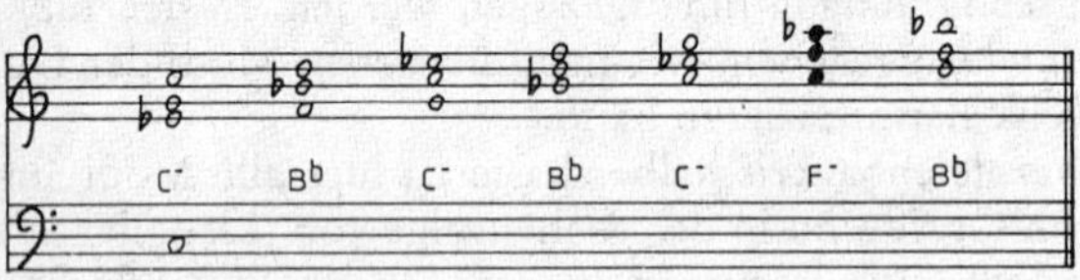

C-äolisch

I-, ♭VII

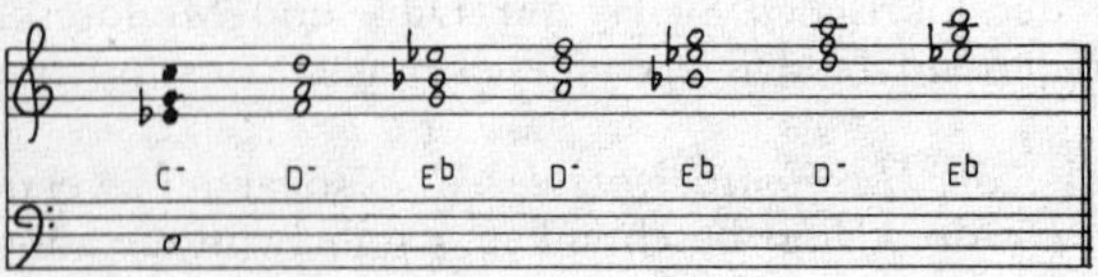

C-dorisch

II-, ♭III

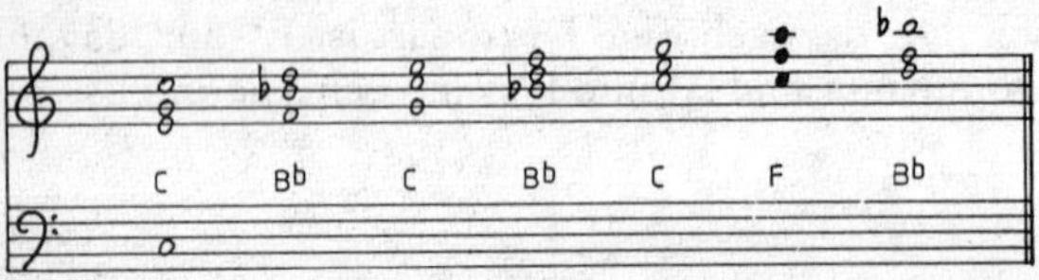

C-mixolydisch

I, ♭VII

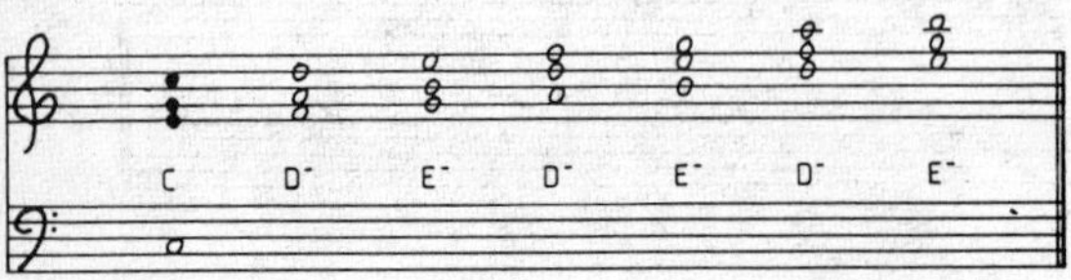

C-ionisch

II-, III-

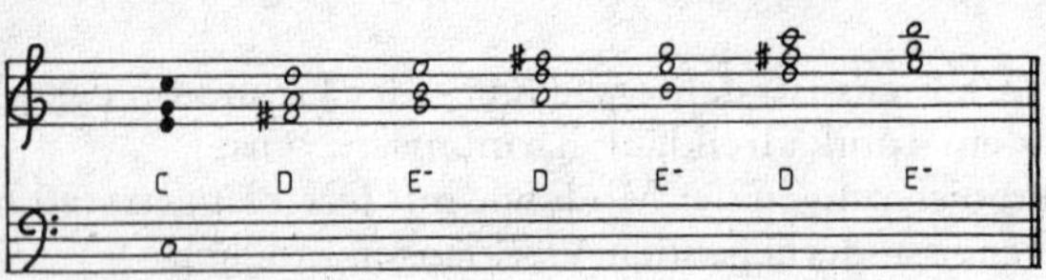

C-lydisch

II, III-

Von großer Bedeutung für das modale Spiel sind *Quartenakkorde.* So lassen sich etwa in dem dorischen Modus auf D die folgenden fünf reinen Quartendreiklänge bilden.*

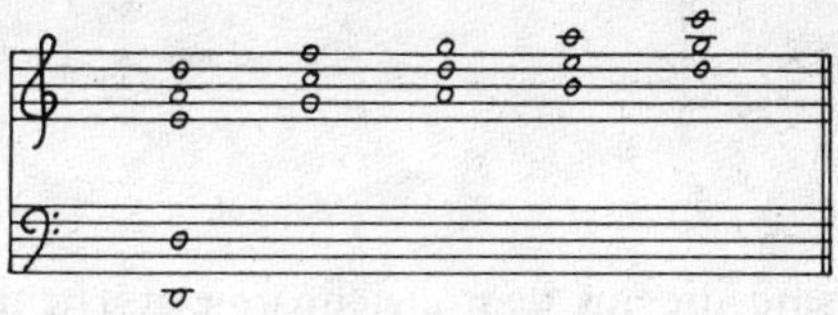

Im gleichen Modus finden wir vier reine vierstimmige Quartenakkorde:

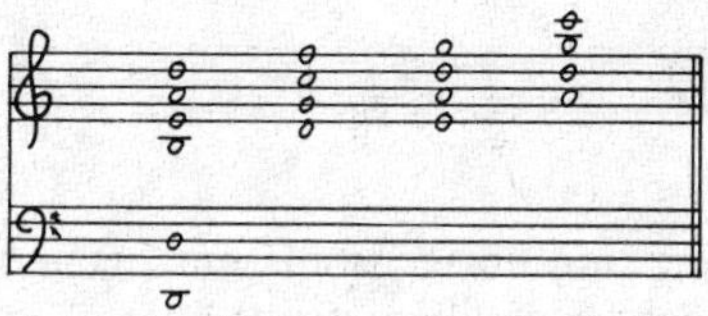

Die drei eine übermäßige Quarte enthaltenden Vierklänge

vertragen sich mit den reinen aber besser, als dies bei den Dreiklängen der Fall ist.

* Die beiden Akkorde 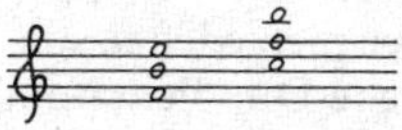 fallen wegen der übermäßigen Quarte F–B aus diesem klanglichen Rahmen.

Reine Fünfklänge aus Quarten gibt es nur noch drei:

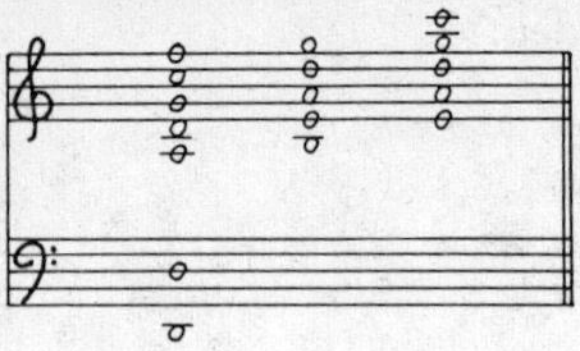

Als Fünfklänge sind die aus dem gleichnamigen Thema entnommenen, als »So What-Akkorde« bekannten Mischungen aus drei Quarten und einer großen Terz beliebt:

Die genannten Klänge sind übrigens alle mit sus 4-Akkorden verwandt, wie die folgende Gegenüberstellung zeigt:

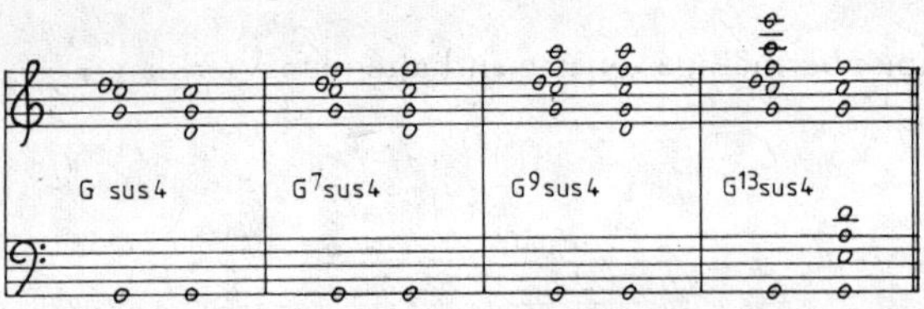

2. Erweiterte Improvisationsmöglichkeiten beim modalen Spiel

So befreiend das rein melodisch ausgerichtete Spiel mit einer einzigen Skala (oder zweien) für die Jazzmusiker zunächst auch war, sie fühlten sich in ihren Spielmöglichkeiten doch bald begrenzt und suchten nach Erweiterungsmöglichkeiten.

Die erste dieser Möglichkeiten bringt noch gar keine Erweiterung des Tonraums mit sich, sondern nur eine neue Gruppierung des vorhandenen Materials. Betrachten wir als Beispiel wieder die D-dorische Skala, so sehen wir, daß sie drei verschiedene Dur-Pentatoniken enthält, nämlich

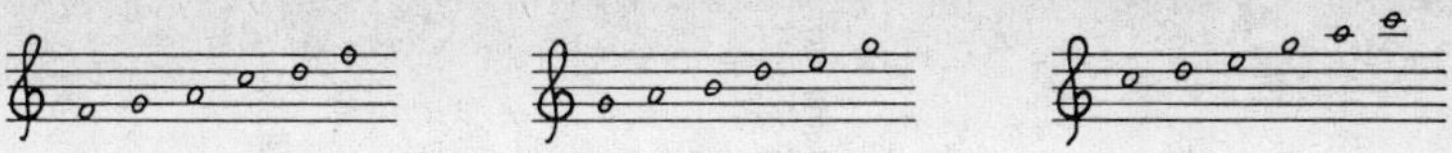

die F-dur-Pentatonik auf der Stufe ♭III, die G-dur-Pentatonik auf der IV. Stufe und die C-dur-Pentatonik auf der Stufe ♭VII. Diese drei Leitern finden wir übrigens auch, wenn wir die drei Stimmen der reinen Quartendreiklänge der dorischen Leiter jeweils horizontal lesen:

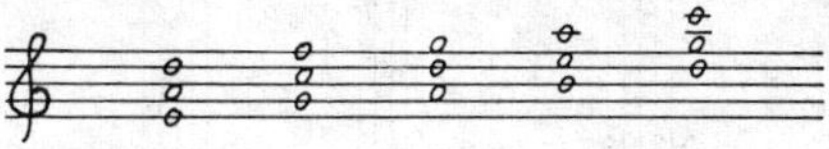

In der Tabelle 12 (S. 140) sind die pentatonischen Skalen zusammengestellt, die wir in den sieben Modi finden. Sie sind nach wachsendem Dissonanzgrad angeordnet, den sie mit dem jeweiligen Tonikadreiklang bilden. Wir ordnen den Dur-Modi Dur-Pentatoniken zu und den Moll-Modi Moll-Pentatoniken.

Dabei ist zu berücksichtigen, daß die lokrische Skala als selbständiger Modus praktisch keine Bedeutung hat, da der verminderte Dreiklang auf der I. Stufe nicht die Stabilität aufweist, die man von einer Tonika erwartet.

Nach und nach haben die Jazzmusiker den tonalen Rahmen eines modalen Stückes immer weiter gesteckt. Der erste Schritt hierzu ist die Verwendung von Leitern, die dem Grundmodus ähnlich sind. Ist der Grundmodus D-dorisch, ergeben sich beispielsweise folgende Möglichkeiten:

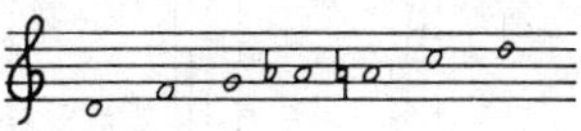

Blues-Skala

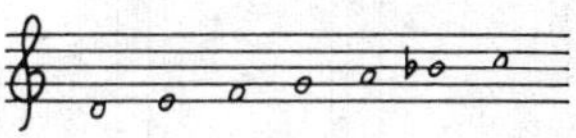

äolisch

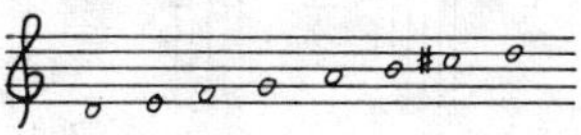

mel. Moll

harm. Moll

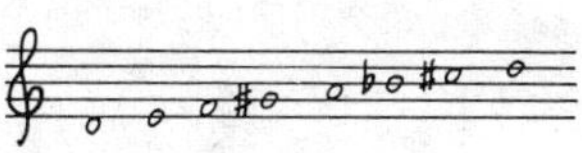

Zigeuner-Moll

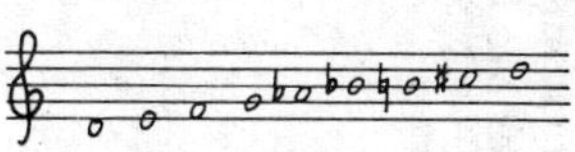

GH

Tabelle 12

Pentatonik über Modi

Natürlich gibt es noch eine Vielzahl anderer Möglichkeiten; viele Jazzmusiker haben sich in diesem Zusammenhang für Tonleitern aus außereuropäischer Musik interessiert.

Ein anderes melodisches Mittel ist das *side-slipping*, ein kurzfristiges, meist sequenzartiges Ausweichen in eine Skala einen Halbton höher oder tiefer:

Charakteristisch ist, daß die (meist zwei- oder viertaktige) Phrase in der zugrundeliegenden Tonalität beginnt, sie in der Mitte verläßt und am Ende zu ihr zurückkehrt.

Eine andere Technik der kontrollierten Tonraumerweiterung, für die diese Bemerkung auch gilt, ist die zyklische Transposition von diatonischen Sequenzmustern. So wird beispielsweise aus der pentatonischen Formel

durch Überlagerung des Großterzzirkels die Phrase:

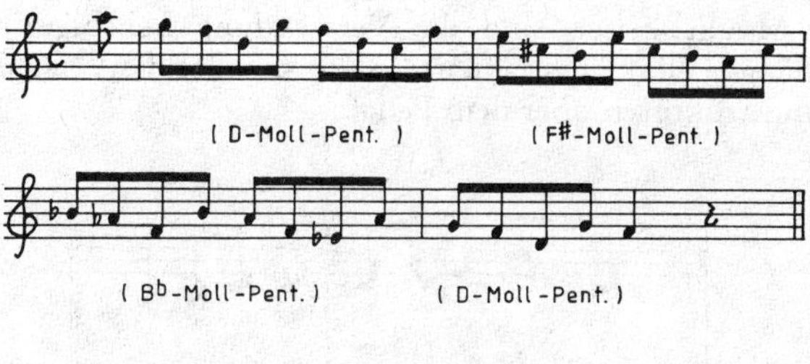

Ein weiteres Verfahren besteht darin, einem gegebenen Modus eine beliebige, spontan erfundene Akkordfolge zu überlagern; ist der Improvisator Pianist, kann er die Akkordfolge mitspielen; ist er Bläser, existiert sie nur als Vorstellung in seinem Kopf (*ghost changes*) zur Erfindung von Melodien, die das ursprüngliche Tonmaterial erweitern:

Die begleitenden Musiker, insbesondere der Bassist, kennen die ghost changes nicht und begleiten weiter in D-dorisch. Dadurch entsteht in der Phrase eine starke harmonische Spannung, die sich am Ende wieder auflöst.

Doch nicht nur die Melodik, sondern auch die Harmonik kann sich von der strengen diatonischen Vorgabe lösen und freiere Konzepte verwirklichen. Aus dem streng modalen Spiel wird so ein freieres pedalbezogenes Spiel. Eine solche Möglichkeit ist die Verwendung chromatischer Nachbarakkorde:

Andere Möglichkeiten sind die Verwendung beliebiger Dur- oder Molldreiklänge, Vierklänge, Quartenakkorde oder die Verschiebung von festen Klangstrukturen über dem Pedal:

Will man dabei den Eindruck des Chaotischen vermeiden, ist es wichtig, die verschobenen Klänge um so einfacher zu wählen, je komplizierter die Verschiebungsstrukturen sind.

Die letzten Spielkonzepte haben die ursprüngliche Einfachheit der modalen Improvisation verlassen und sind wieder so kompliziert (oder noch komplizierter) wie das alte Spiel über changes. Andererseits ist die so entstehende Tonalität nahe an der Atonalität des Free Jazz. Dennoch unterscheidet sich diese Spielweise von der ganz freien durch

- den Orgelpunkt des Basses (in unseren Beispielen D), durch den alle Töne auf ein Zentrum bezogen werden (ähnlich wie in der indischen Musik), und
- durch die Periodizität des *inside-outside-playing*: Die Phrase beginnt in der gegebenen Tonalität, verläßt diese und kehrt nach meist zwei oder vier Takten zum Ursprung zurück (Prinzip von Spannung und Entspannung).

John Coltrane, der schon bei der Entstehung des modalen Jazz einer der Wegbereiter war, hat mit seiner Gruppe in der ersten Hälfte der sechziger Jahre die kontrollierte Erweiterung dieses Spielkonzepts als erster vollzogen. Höre die Platte ›A Love Supreme‹!

3. Modale Stücke mit Akkordwechseln; vamps

Im allgemeinen ist »modaler Jazz« synonym mit den bisher betrachteten Improvisationen über eine Skala ohne festgelegte Akkordfolgen. Doch können wir – ähnlich wie wir das in Dur und Moll gemacht haben – auch im modalen Bereich leitereigene Akkorde bilden und sie miteinander verbinden. Ähnlich wie im streng diatonischen Dur sind dabei neben Akkordverbindungen mit Quintschritten im Baß diatonische Sekundrükkungen von Bedeutung. Analog zum authentischen und plagalen Schluß in Dur können wir auch bei den Modi Schlußbildungen betrachten, die manchmal als *modale Kadenzen* bezeichnet werden. Der vor der Tonika in einer solchen Verbindung erscheinende Akkord soll dabei die charakteristische Eigenart des jeweiligen Modus herausbringen. In der Tabelle 13 (S. 144) sind solche Wendungen zusammengestellt; der lokrische Mo-

Tabelle 13
Modale Kadenzen

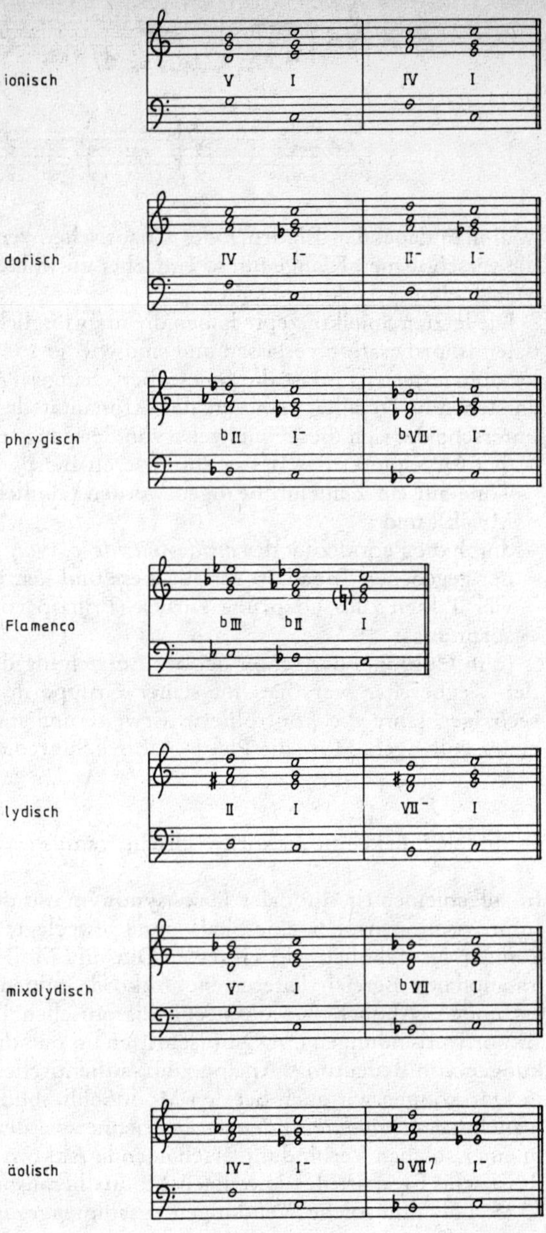

dus ist dabei aus dem oben genannten Grund fortgelassen, hinzugefügt wurde dafür die wichtige Flamenco-Kadenz. Die Wendungen sind – mit einer Ausnahme – in Dreiklängen notiert; sie können aber auch mit Vier- und eventuell Mehrklängen gespielt werden. Die gelegentlich entstehenden Oktav- und Quintparallelen unterstreichen den archaischen Charakter dieser Verbindungen; sie können natürlich durch Gegenbewegung der Stimmen vermieden werden.

Ein gewisser Kompromiß zwischen dem Spiel über changes und der modalen Improvisation ist das Spiel über einen *vamp*. Hierunter versteht man eine zwei- oder vier-, gelegentlich auch achttaktige harmonische Begleitfigur, die sehr oft wiederholt wird. Wir können unterscheiden zwischen diatonischen und nicht diatonischen vamps sowie zwischen geschlossenen, d.h. solchen, die auf der Tonika enden, und offenen. Manchmal ist ein vamp mit einem Baßostinato verbunden. Durch die Kürze und die ständige Wiederholung des vamps ähnelt das Spiel über ihn der modalen Improvisation. Oft kann man nämlich – zumal bei diatonischen vamps – seine changes ganz ignorieren und nur mit einer Skala spielen. Andererseits ist das Musizieren mit einem vamp strukturierter als eine ganz offene Improvisation.

Hier ein paar Beispiele für vamps:
Die Figur

$$\| \; D^{-7} \; | \; E^{\flat\triangle} \; | \; C^{-7} \; | \; D^{-7} \; \|$$

ist ein geschlossener diatonischer vamp in D-phrygisch, der als Improvisationsgrundlage in Hal Galpers Komposition ›Now Hear This‹ dient.

Chick Corea hat in seinem Stück ›La Fiesta‹ den folgenden von der Flamenco-Musik beeinflußten vamp benutzt:

Über diesen geschlossenen vamp improvisiert man natürlich mit der E-Flamenco-Skala.

Josef Zawinuls für die Gruppe »Weather Report« geschriebenes Stück ›Birdland‹ endet mit einem Synthesizersolo über den vamp.

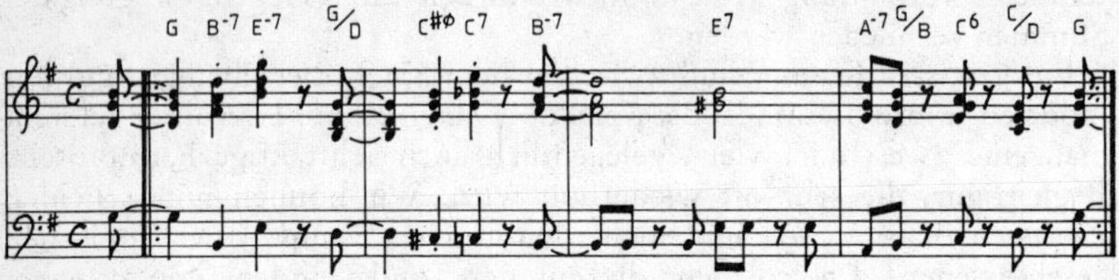

Über diesen offenen vamp in der erweiterten Diatonik von G-dur läßt sich beispielsweise gut mit der G-dur-Pentatonik improvisieren.

Richie Beirach hat das Stück ›October 10th‹ für Sopransaxophon und Klavier geschrieben und mit Dave Liebman auf der Platte ›Forgotten Fantasies‹ aufgenommen. Der erste ganz auskomponierte Teil dieses Stückes ist harmonisch sehr komplex und wird nicht zur Improvisation benutzt. Hierzu dient der viertaktige vamp:

$\frac{6}{8}$ ||: E$^{\triangle}$ | G$^{\triangle}$ | A$^{\triangle}$ | C$^{\triangle(\#11)}$:||

Er ist offen und nicht diatonisch. Zur Improvisation eignen sich gut die jeweiligen lydischen Leitern. Interessant sind hier auch die pentatonischen Skalen:

|| E-dur-Pent | e-moll-Pent | E-dur-Pent | D-dur-Pent ||

oder

|| B-dur-Pent | b-moll-Pent | A-dur-Pent | a-moll-Pent ||

Nachdem der vamp genügend oft zur Improvisation wiederholt worden ist, geht es weiter mit dem auskomponierten Ende des Stückes.

Eine ähnliche Struktur mit Wechseln von durchkomponierten Teilen mit einer Improvisation über einen vamp benutzt auch Dave Liebman in seinem Stück ›Paoli's Vision‹. Der vamp lautet:

Wählen wir – wie bei nicht funktionsmäßigen Akkordverbindungen üblich – für die großen Septakkorde jeweils lydische Skalen, ergeben sich, auf den Baßton umgerechnet, die Leitern:

G#-mixolydisch – G#-äolisch – B-mixolydisch – B-phrygisch

Übungen

Entwickle aus den Anregungen dieses Kapitels eigene kreative Aufgabenstellungen! Experimentiere, erfahre die Klänge, komponiere!

1. »Bitonale« Akkorde

Echte Bitonalität – d.h. gleichzeitiges Spielen in zwei Tonarten – ist im Jazz selten; etwas, das dem nahekommen kann, haben wir im Abschnitt über modale Improvisation unter dem Stichwort ghost changes besprochen.

In diesem Kapitel geht es um scheinbare *Bitonalität.* Betrachten wir zum Beispiel den Akkord $C^{\Delta 9}$

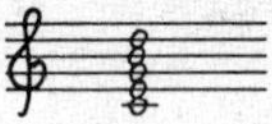

so sehen wir, daß wir diesen Fünfklang in zwei übereinandergelagerte Dreiklänge zerlegen können, einen C-dur-Dreiklang und einen G-dur-Dreiklang:

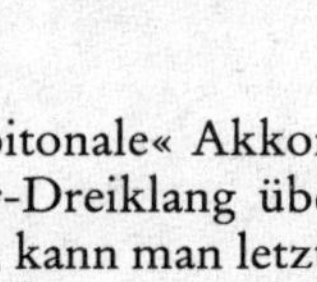

Dieser zusammengesetzte »bitonale« Akkord wird mit G/C bezeichnet, also genauso wie der G-dur-Dreiklang über dem Baßton C. Will man Mißverständnisse vermeiden, kann man letzteren auch mit G/C bass oder G/4 bezeichnen.

In der Tabelle 14 sind nun – geordnet nach den wichtigsten Funktionen – solche Akkorde zusammengestellt, die durch Überlagerung eines Dur- oder Molldreiklangs (einmal auch eines übermäßigen Dreiklangs) über einen gegebenen Akkord entstehen und funktionsharmonisch definierbar sind. Gelegentlich muß aus dem unteren Akkord die Quinte fortgelassen werden, um unerwünschte kleine Nonen zu vermeiden.

Tabelle 14

»Bitonale« Akkorde, die funktionsharmonisch definierbar sind

Funktion	hinzugefügter Durdreiklang		hinzugefügter Molldreiklang	
T	D/C	$C^{6/9(\#11)}$	E^{-}/C	$C^{\triangle}$
	E/C*	$C^{\triangle(\#5)}$	A^{-}/C	C^{6}
	G/C	$C^{\triangle 9}$	B^{-}/C	$C^{\triangle 9(\#11)}$
t	$D^{\flat(\flat 5)}/C^{-}$	C phrygisch		
	D/C^{-}	$C^{-\triangle(\#11)}$	D^{-}/C^{-}	$C^{-6/9/11}$
	F/C^{-}	$C^{-\triangle 13}$	B^{-}/C^{-}	$C^{-\triangle 9(\#11)}$
	G/C^{-}	$C^{-\triangle 9}$		
	B/C^{-}	$C^{-\triangle(\#11)}$		
Sp	G/D^{-7}	$D^{-7}\binom{add13}{add11}$	E^{-}/D^{-7}	D^{-13}
	C/D^{-}	D^{-11}	A^{-}/D^{-}	D^{-9}
S_{6}^{5}	$A^{\flat +}/D^{ø}$	$D^{ø 9}$	$G^{-}/D^{ø}$	$D^{ø}\binom{\flat 13}{11}$
	$B^{\flat}/D^{ø}$	$D^{ø(\flat 6)}$		
	$C/D^{ø}$	$D^{ø 11}$		
D	$A^{\flat}/G^{7}$sus 4**	G^{7} sus 4$\binom{\flat 13}{\flat 9}$	G^{-}/G^{7}	$G^{7(\#9)}$
	A/G^{7}	$G^{13(\#11)}$	$A^{\flat -}/G^{7}$**	$G^{7}\binom{\flat 13}{\flat 9}$
	$B^{\flat}/G$	$G^{7(\#9)}$	A^{-}/G^{7} sus 4	G^{9} sus 4 (add 13)
	C/G^{7} sus 4	G^{7} sus 4(add 13)	$B^{\flat -}/G$	$G^{7}\binom{\#11}{\#9}$
	$D^{\flat}/G$	$G^{7}\binom{\#11}{\flat 9}$	C^{-}/G^{7}sus 4**	G^{7} sus 4($\flat$13)
	$E^{\flat}/G^{7}$**	$G^{7}\binom{\flat 13}{\#9}$	$C^{\#}/G^{7}$	$G^{13}\binom{\#11}{\flat 9}$
	E/G^{7}	$G^{7}\binom{13}{\flat 9}$	E^{-}/G^{7}	G^{7}(add 13)
	F/G sus 4	G^{9} sus 4	F^{-}/G^{7} sus 4	G^{7} sus 4($\flat$9)
D^{v}	$D^{\flat}/B^{o}$	$G^{7}\binom{\#11}{\flat 9}$/B	$C^{\#-}/B^{o}$	$G^{13}\binom{\#11}{\flat 9}$/B
	E/B^{o}	$G^{7}\binom{13}{\flat 9}$/B	E^{-}/B^{o}	$G^{7}\binom{13}{\flat 9}$/B
	G/B^{o}	$G^{7(\flat 9)}$/B	G^{-}/B^{o}	$G^{7}\binom{\#9}{\flat 9}$/B
	$B^{\flat}/B^{o}$	$G^{7}\binom{\#9}{\flat 9}$/B	$B^{\flat -}/B^{o}$	$G^{7}\binom{\#11}{\flat 9}$/B

* Quinte G aus unterem Dreiklang weglassen!
** Quinte D aus unterem Akkord weglassen!

Diese Zusammenstellung liefert zwar kein neues Akkordmaterial, oft aber eine andere Art, die gewohnten Akkorde zu spielen. So ist es z. B. ein großer Klangunterschied, ob man den Akkord $G^7(^{13}_{\flat 9})$ so:

oder so:

spielt; besonders deutlich wird der Klangunterschied, wenn man die beiden Bestandteile von verschiedenen Instrumenten(gruppen) spielen läßt, z. B. G^7 vom Klavier und E von der Gitarre, oder G^7 von der Rhythmusgruppe und E von drei Bläsern oder – in einer Big Band – G^7 vom Saxophonsatz und E von den Trompeten. Diese Klänge sind immer besonders wirkungsvoll, wenn einer der Töne des überlagernden Dreiklangs in der Oktav verdoppelt wird, also z. B. so:

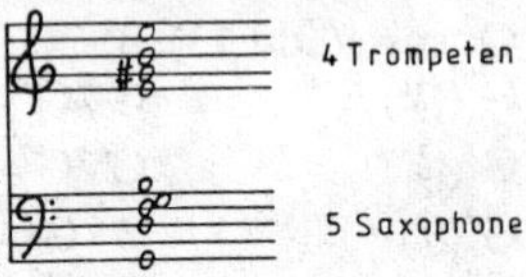

Doch auch für das melodische Spiel läßt sich die Klangzusammensetzung anwenden, wie die folgenden Beispiele zeigen:

Interessante Effekte können sich ergeben, wenn man jedem Akkord in einer Akkordverbindung einen Dreiklang überlagert und diese untereinander wieder eine sinnvolle Verbindung haben, wie z. B.:

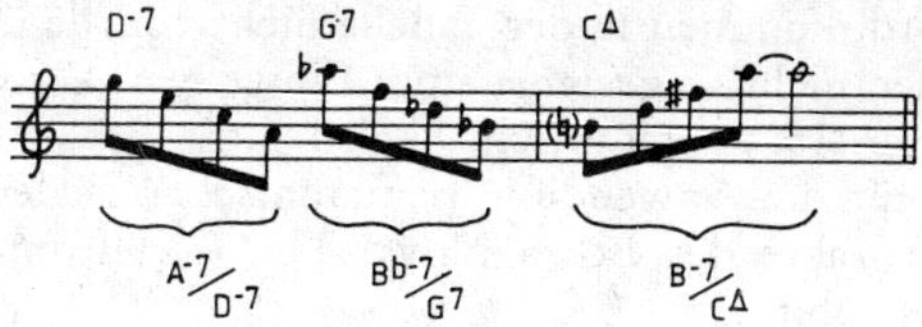

oder:

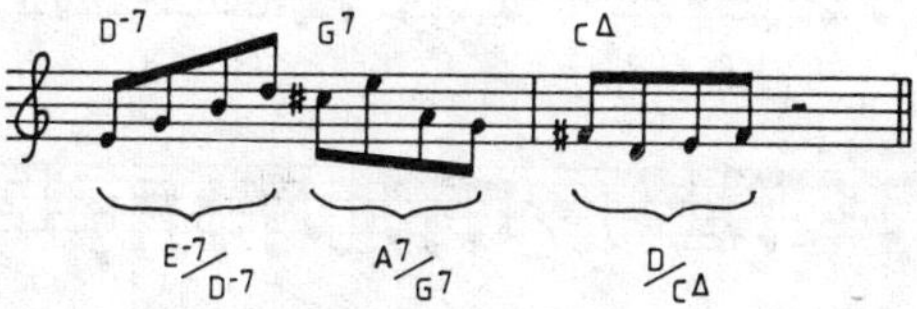

Das letzte Beispiel, in dem einer C-dur-Kadenz eine D-dur-Kadenz überlagert wird, könnte durchaus schon als echte Bitonalität bezeichnet werden, auch wenn die einzelnen Klänge noch gewohnte Alterationen sind.

2. Pentatonik über changes

Pentatonische Leitern haben am Anfang des Jazz in Zusammenhang mit dem Blues eine Rolle gespielt und sind im modalen Jazz wiederentdeckt worden. Seitdem verwenden sie viele Jazzmusiker auch beim Spiel über changes. Das mag damit zusammenhängen, daß diese Leitern ein Mittelding zwischen Skalen und gebrochenen Akkorden sind und sich so sehr gut für eine Melodiebildung eignen, die weder zu stark tonleiterorientiert ist noch im bloßen Arpeggieren von Akkorden besteht.

In der Tabelle 15 (S. 153) sind, geordnet nach Akkordtypen, pentatonische Leitern angegeben, die sich zur Improvisation über den entsprechenden Akkord eignen können. Dabei sind – insbesondere beim Dominantseptakkord – übliche Alterationen miteinbezogen. Ob man diese anwenden will, hängt von einer Analyse des jeweiligen Akkordzusammenhangs ab. Die angegebenen Skalen enthalten zwar größtenteils, aber nicht ausschließlich, mögliche Akkorderweiterungstöne. So enthält etwa die $A^{\flat}$-dur-Pentatonik, die man über dem Akkord $C^{7}\binom{\sharp 9}{\sharp 5}$ spielen kann, auch den Ton F, mit dem daher eine gewisse Vorsicht geboten ist. Allzu zimperlich braucht man hier aber auch nicht zu sein. Gerade über Dominantseptakkorden schafft man mit pentatonischen Leitern oft bewußt eine starke Spannung, die sich in der nachfolgenden Tonika auflöst. Bei entsprechender Vorsicht und folgerichtiger Weiterführung läßt sich sogar jede pentatonische Leiter über einer Dominante spielen!

Einige Akkordtypen, wie der große Mollseptakkord oder der verminderte Septakkord, kommen in der Tabelle nicht vor, da über ihnen pentatonische Skalen nicht so geeignet sind. Einige Musiker verwenden hier sogenannte »alterierte pentatonische Skalen«*.

Als Beispiel für die Anwendung pentatonischer Skalen über changes die ersten acht Takte des Bossa Nova ›The Girl from Ipanema‹ von Antonio Carlos Jobim:

* Vgl. Adelhard Roidinger, Jazz Improvisation & Pentatonic, Rottenburg a.N. 1984. – Alterierte pentatonische Skalen entstehen aus der Dur- oder Moll-Pentatonik durch Hinzufügen von einem oder mehreren Vorzeichen. Beispiel: C, D, $E^{\flat}$, G, A.

Tabelle 15

Pentatonik über changes

Akkord-typ	Dur-Pentatonik auf Stufe (Beispiel in C)	Auf Grundton bezogene Töne in Terzschichtung
△	I (C, D, E, G, A)	1, 3, 5, 6, 9
	V (G, A, B, D, E)	3, 5, 6, 7, 9
	II (D, E, F#, A, B)	3, 6, 7, 9, #11
–7	♭III (E♭, F, G, B♭, C)	1, ♭3, 5, ♭7, 11
	♭VII (B♭, C, D, F, G)	1, 5, ♭7, 9, 11
	IV (F, G, A, C, D)	1, 5, 6, 9, 11
7	I (C, D, E, G, A)	1, 3, 5, 6, 9
7 sus 4	IV (F, G, A, C, D)	1, 4, 5, 6, 9
7 sus 4	♭VII (B♭, C, D, F, G)	1, 4, 5, ♭7, 9
$7^{(\#9)}$	♭III (E♭, F, G, B♭, C)	1, 4, 5, ♭7, #9
$7\binom{\#9}{\#5}$	♭VI (A♭, B♭, C, E♭, F)	1, 4, #5, ♭7, #9
$7^{(\#5,\ \flat 9,\ \#9)}$	♭II (D♭, E♭, F, A♭, B♭)	4, #5, ♭7, ♭9, #9
7 alt.	♭V (G♭, A♭, B♭, D♭, E♭)	♭5, #5, ♭7, ♭9, #9
ø	♭VI (A♭, B♭, C, E♭, F)	1, ♭3, 4, ♭6, ♭7
	♭II (D♭, E♭, F, A♭, B♭)	♭3, 4, ♭6, ♭7, ♭9
	♭V (G♭, A♭, B♭, D♭, E♭)	♭3, ♭5, ♭6, ♭7, ♭9

Wir stellen nun zu den Akkorden passende Dur-Pentatoniken zusammen und erhalten als Beispiel:

Akkorde	$F^{\triangle}$	⁒	G^{7}	⁒	G^{-7}	$G^{\flat 7}$	$F^{\triangle}$	$G^{\flat 7}$
Dur-Pentatonik	F		G		B♭	G♭	F	G♭
	C		F		F	A♭	C	A♭
	G		D♭		C	C	G	C

Wir haben dabei die Leitern von oben nach unten nach zunehmendem Dissonanzgrad angeordnet.

Nun gibt es verschiedene Möglichkeiten, Folgen von pentatonischen Skalen aus der Tabelle auszuwählen. Beginnen wir zunächst mit den Leitern, die den höchsten Konsonanzgrad mit dem entsprechenden Akkord haben (*inside pentatonic*):

Akkorde	F^{Δ}	⁒	G^7	⁒	G^{-7}	G^{b7}	F^{Δ}	G^{b7}
pentatonische Skalen	F	F	G	G	B^b	G^b	F	G^b

Eine Improvisation mit diesen Skalen könnte so aussehen:

Eine andere Möglichkeit, die pentatonischen Leitern anzuordnen, besteht darin, möglichst wenig zu wechseln (*horizontale Pentatonik*):

Akkorde	F^{Δ}	⁒	G^7	⁒	G^{-7}	G^{b7}	F^{Δ}	G^{b7}
pentatonische Skalen	F	F	F	F	F	G^b	F	G^b

Hier ein Beispiel für eine Improvisation:

Ähnlich wie bei den »bitonalen« Akkorden können wir auch pentatonische Skalen so auswählen, daß sie untereinander eine Eigenstruktur bilden, die sich der Struktur der changes überlagert. Hier ein einfaches Beispiel:

changes	F^{Δ}	⁒	G^{7}	⁒	G^{-7}	$G^{\flat 7}$	F^{Δ}	$G^{\flat 7}$
pentatonische Skalen	C	C	$D^{\flat}$	$D^{\flat}$	F	$G^{\flat}$	G	$A^{\flat}$

Strukturüberlagerungen können vom Hörer nur wahrgenommen werden, wenn sie deutlich genug sind. Zum Schluß eine Improvisation mit diesen Leitern:

Improvisationskonzepte wie die in diesem Kapitel vorgestellten kommen manchem vielleicht weit hergeholt oder kopflastig vor. Immerhin gibt es heute eine nicht kleine Zahl von Jazzmusikern, die versuchen, die Sprache des Jazz mit diesen oder ähnlichen Methoden zu erweitern, ohne dabei die Bindung an die changes ganz aufzugeben. Andererseits sollte man sich immer wieder vor Augen (und vor allem vor Ohren) führen, daß es nicht das harmonische (oder intellektuelle) Konzept allein ist, auf das es beim Musikmachen ankommt.

Übungen

Bearbeite standards mit den in diesem Kapitel angegebenen Mitteln.

Abkürzungsverzeichnis der Instrumente

Abkürzung	Instrument (amerikanisch)	Instrument (deutsch)
alto-fl	alto flute	Altflöte
alto-h	alto horn	Althorn
as	alto saxophone	Altsaxophon
b	bass	Baß
b-cl	bass clarinet	Baßklarinette
b-g	bass guitar	Baßgitarre
b-sax	bass saxophone	Baßsaxophon
b-tb	bass trombone	Baßposaune
b-tp	bass trumpet	Baßtrompete
bj	banjo	Banjo
bs	baritone saxophone	Baritonsaxophon
cello	violoncello	Violoncello
cl	clarinet	Klarinette
co	cornet	Kornett
dr	drums	Schlagzeug
el-b	electric bass	Elektrobaß
el-g	electric guitar	Elektrogitarre
engl-h	english horn	Englischhorn
fl	flute	Flöte
fl-h	flugelhorn	Flügelhorn
fr-h	french horn	Waldhorn
g	guitar	Gitarre
harm	harmonica	Mundharmonika
keyb	keyboards	Tasteninstrumente
org	organ	Orgel
p	piano	Klavier
perc	percussion	Perkussion
reeds	reeds	Blattinstrumente (Saxophone, Klarinetten usw.)
sax	saxophone	Saxophon
ss	soprano saxophone	Sopransaxophon

strings	strings	Streicher
synth	synthesizer	Synthesizer
tb	trombone	Posaune
tp	trumpet	Trompete
ts	tenor saxophone	Tenorsaxophon
tu	tuba	Tuba
v	violin	Violine
vib	vibraphone	Vibraphon
voc	vocal	Gesang
v-tb	valve trombone	Ventilposaune

Verzeichnis der Tabellen

II. Kapitel

1. Vergleiche Kapitel X, S. 112.

III. Kapitel

1.

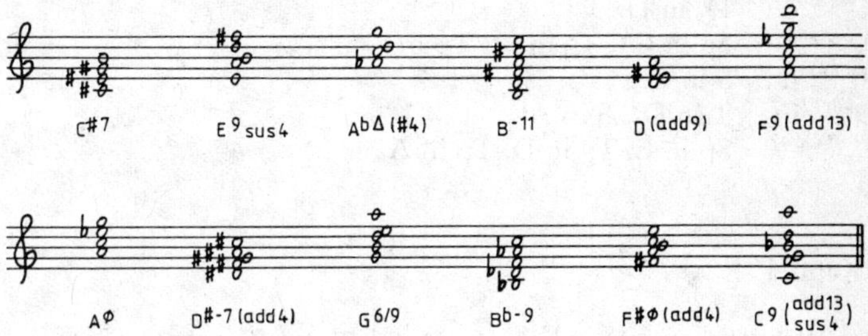

2. D^7, $F^{9(\text{sus }4)}$, $E^{\triangle(\#4)}$, $B^{\flat\triangle}/D$, $E^{\flat-9}$, F^7/A.

3. S in $E^\flat$: $A^{\flat\triangle}$, $A^{\flat6}$, $A^{\flat\triangle9}$, $A^{\flat6/9}$, $A^{\flat(\text{add }9)}$, $A^{\flat\triangle(\#11)}$, $A^{\flat\triangle(\#4)}$, $A^{\flat\triangle9(\#4)}$, $A^{\flat6/9(\#11)}$, $A^{\flat\triangle13(\#11)}$.
Tg in A: $C^{\#-7}$, $C^{\#-7(\text{add }4)}$.
T in $D^\flat$: $D^{\flat\triangle}$, $D^{\flat6}$, $D^{\flat\triangle9}$, $D^{\flat6/9}$, $D^{\flat(\text{add }9)}$.
$\not{D}^7$ in E: $D^{\#\varnothing}$.
D in $B^\flat$: F^7, $F^{7(\text{sus }4)}$, F^9, $F^{9(\text{sus }4)}$, F^{13}, $F^{13(\text{sus }4)}$.
Tp in D: B^{-7}, B^{-9}, B^{-11}, $B^{-7(\text{add }4)}$.
Tg in $C^\#$: $E^{\#-7}$, $E^{\#-7(\text{add }4)}$.
S in B: $E^{\triangle}$, E^6, $E^{\triangle9}$, $E^{6/9}$, $E^{(\text{add }9)}$, $E^{\triangle(\#11)}$, $E^{\triangle(\#4)}$, $E^{\triangle9(\#4)}$, $E^{6/9(\#11)}$, $E^{\triangle13(\#11)}$.
Tp in A: $F^{\#-7}$, $F^{\#-9}$, $F^{\#-11}$, $F^{\#-7(\text{add }4)}$.
D in F: C^7, $C^{7(\text{sus }4)}$, C^9, $C^{9(\text{sus }4)}$, C^{13}, $C^{13(\text{sus }4)}$.
T in G: $G^{\triangle}$, G^6, $G^{\triangle9}$, $G^{6/9}$, $G^{(\text{add }9)}$.
Sp in $G^\flat$: $A^{\flat-7}$, $A^{\flat-9}$, $A^{\flat-11}$, $A^{\flat-7(\text{add }4)}$.

4. D^{-7}: Sp in C, Tg in $B^\flat$, Tp in F.
$D^{\flat\triangle(\text{add }9)}$: T in $D^\flat$, S in $A^\flat$.
$C^{9(\text{sus }4)}$: D in F.
B^{-9}: Sp in A, Tp in D.
$B^{\flat9(\text{add }13)}$: D in $E^\flat$.
$A^{\triangle(\#4)}$: S in E.

(Fortsetzung nächste Seite)

$G^{\#ø(add\,4)}$: $\not{D}^7$ in A.
G^{-7}: Sp in F, Tg in $E^♭$, Tp in $B^♭$.
$G^{♭6/9}$: T in $G^♭$, S in $D^♭$.
F^9: D in $B^♭$.
$E^{\triangle 13(\#11)}$: S in B.
$E^{♭-7(add\,4)}$: Sp in $D^♭$, Tg in $C^♭$, Tp in $G^♭$.

5. $E^{♭13}$: D in $A^♭$.
$C^{\#ø(add\,4)}$: $\not{D}^7$ in D.
$A^{♭-7(add\,4)}$: Sp in $G^♭$, Tg in $F^♭$, Tp in $C^♭$.
$F^{6/9(\#11)}$: S in C.
$D^{♭6/9}/F$: T in $D^♭$, S in $A^♭$.
$F^{\#-7(add\,4)}$: Sp in E, Tg in D, Tp in A.

IV. Kapitel

3. a) [$B^♭$]

‖: Sp dor	D mix	Sp dor	D mix	Tg phr	Tp äol	Sp dor	D mix
Sp dor	D mix	1. T ion · Tp äol	Sp dor · D mix :‖				
		2. T ion · S lyd	T ion ‖				

b) [F]

‖ T ion · Tp äol	Sp dor · D mix	Tg phr · Tp äol	Sp dor · $\not{D}$7 lok
Tp äol	Sp dor · D mix	T ion · Sp dor	Tg phr · S lyd
Sp dor	D mix	Tg phr	Tp äol
Sp dor	D mix	S lyd	T ion ‖

VI. Kapitel

1. Vergleiche Kapitel X, S. 112.

2. G-mix (♭9, #9) (III), E-mix (#4), F-mix (♭6), C-Flam, D#-GH, C-Flam (III), C-mix (#4), F#-mix (♭6), B-Flam (III), C#-GH.

3.

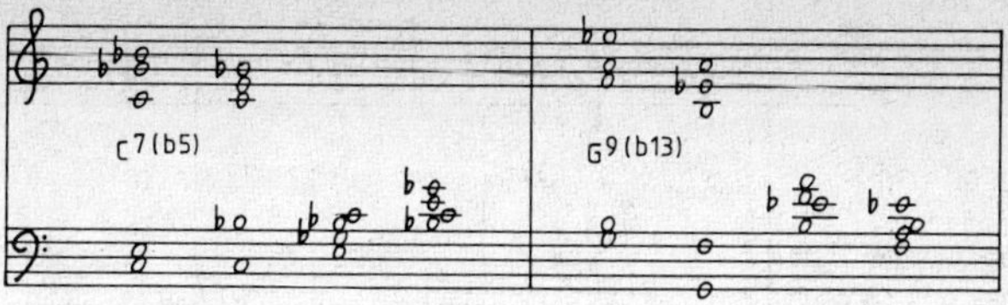

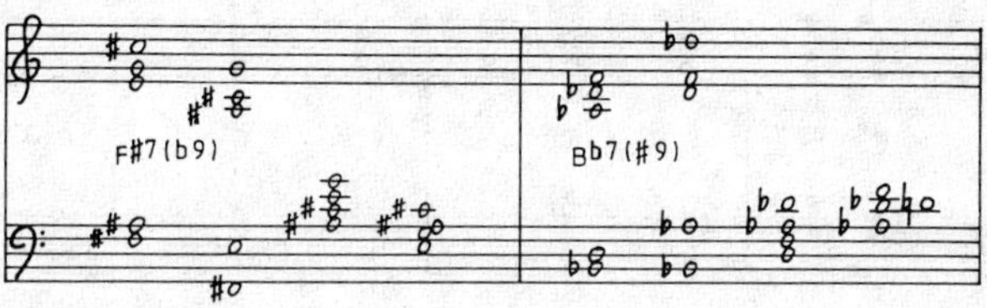

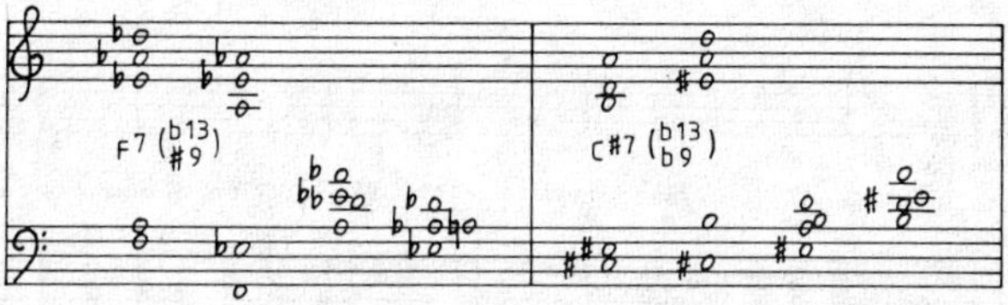

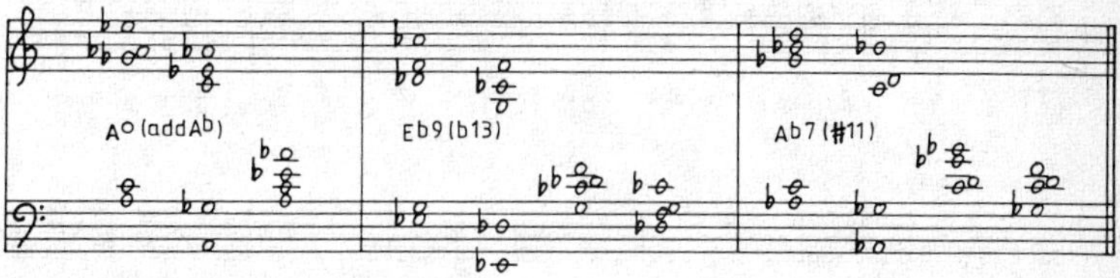

4. Ao$^{(\text{add A}\flat)}$, G$^{9\,(\flat 13)}$, F$^{7\,(\#11)}$, C$^{7\,(\#9)}$, D$^{7\,(\flat 13,\ \flat 9)}$, E$^{7\,(\flat 13,\ \#9)}$, E$^{\flat 7\,(\#11)}$.

5.

6. Es handelt sich um die Harmonien von ›On the Sunny Side of the Street‹.

8. || $E^{\flat}$ E^{o} | F^{-7} $F^{\#o}$ | $E^{\flat}$/G $B^{\flat-7}$ $E^{\flat 7}$ | $A^{\flat}$ $A^{\flat-7}$ $D^{\flat 7}$ | G^{-7} $C^{7(\#9)}$ |
| F^{-7} $B^{\flat 7}$ | G^{7} C^{7} | F^{-7} $B^{\flat 7}$ || $E^{\flat}$ ||

Dies sind die changes des standards ›Easy Living‹ (A-Teil) von Leo Robin/Ralph Rainger.

9. || F^{7} | E^{o} $A^{7(\flat 9)}$ | D^{-7} G^{7} | C^{-7} F^{7} |
| $B^{\flat 7}$ | B^{o} | F^{7}/C | $D^{7(\#9)}$ |
| G^{-7} | C^{7} | F^{7} $D^{7(\flat 9)}$ | G^{-7} $C^{7(\#9)}$ ||

VII. Kapitel

1. Dies sind die changes von ›Autumn Leaves‹ (Johnny Mercer).

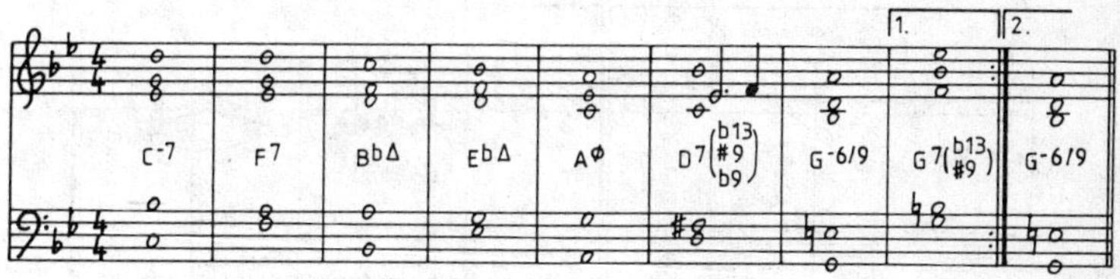

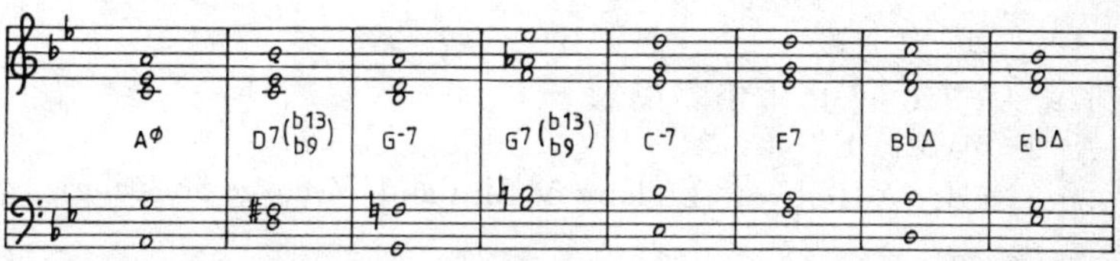

2. Dies sind die Harmonien von ›Beautiful Love‹ (Victor Young).

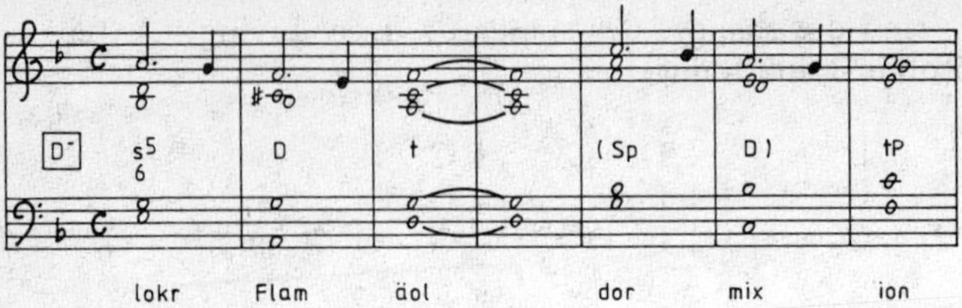

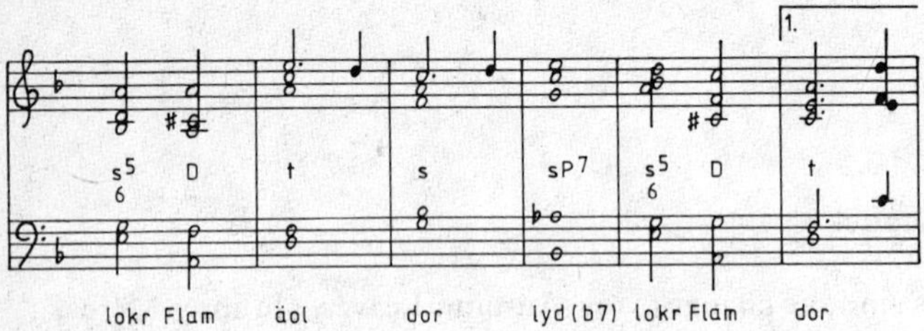

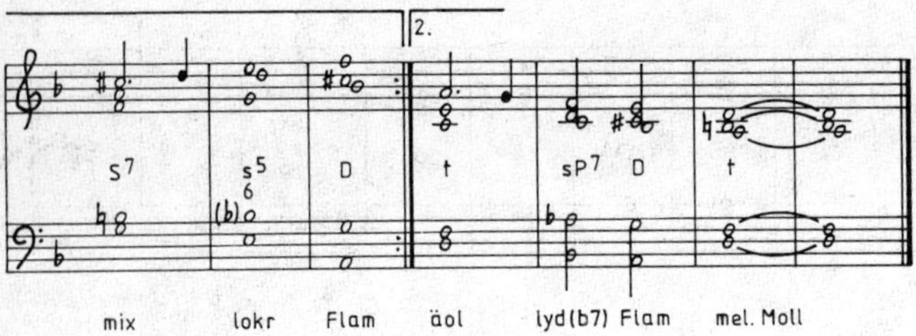

4. || F^{-} | G^{7} C^{7} | F^{-} | $B^{\flat-7}$ $E^{\flat 7}$ |
$A^{\flat}$ F^{-7} | $B^{\flat-7}$ $E^{\flat-7}$ | $A^{\flat\triangle}$ | $D^{\flat 7}$ C^{7} ||
Dies ist der A-Teil von ›Lullaby of Birdland‹ (George Shearing).

VIII. Kapitel

1. A-Teil von ›One Note Samba‹ (Antonio Carlos Jobim):

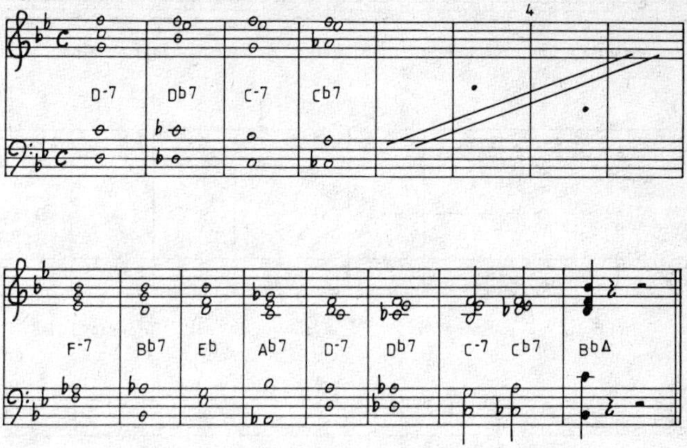

2. ›My Funny Valentine‹ (Richard Rodgers/Lorenz Hart; Notenbeispiel s. S. 166).

3. [C] ‖ (s^5_6 | D) | s | $Ḏ^7$ | Sp (b5) | D | T | T :‖

Fine

[Bb] ‖ Sp | D | T | T | $Ḏ^7$ |

=

[C] $Ḏ^{TV}$ | Sp (b5) | D ‖

D.C. al Fine

4. Die aufgeschriebene Improvisation paßt zu den changes von ›My Ideal‹:

‖ $E^{\flat}$ $C^{7(\#9)}$ | F^{-7} | $D^{\flat 7}$ C^7 | F^7 | $B^{\flat 7}$ F^{-7} | $B^{\flat 7}$ $G^{7\,alt.}$ |
| C^{-7} F^7 | $C^{\flat 7}$ $B^{\flat 7}$ ‖ $E^{\flat}$ $C^{7(\#9)}$ | F^{-7} | $D^{\flat 7}$ C^7 | F^7 | F^{-7} $A^{\flat -7}$ |
| $E^{\flat}$ C^{-7} | F^7 $B^{\flat 7}$ | $E^{\flat}$ ‖

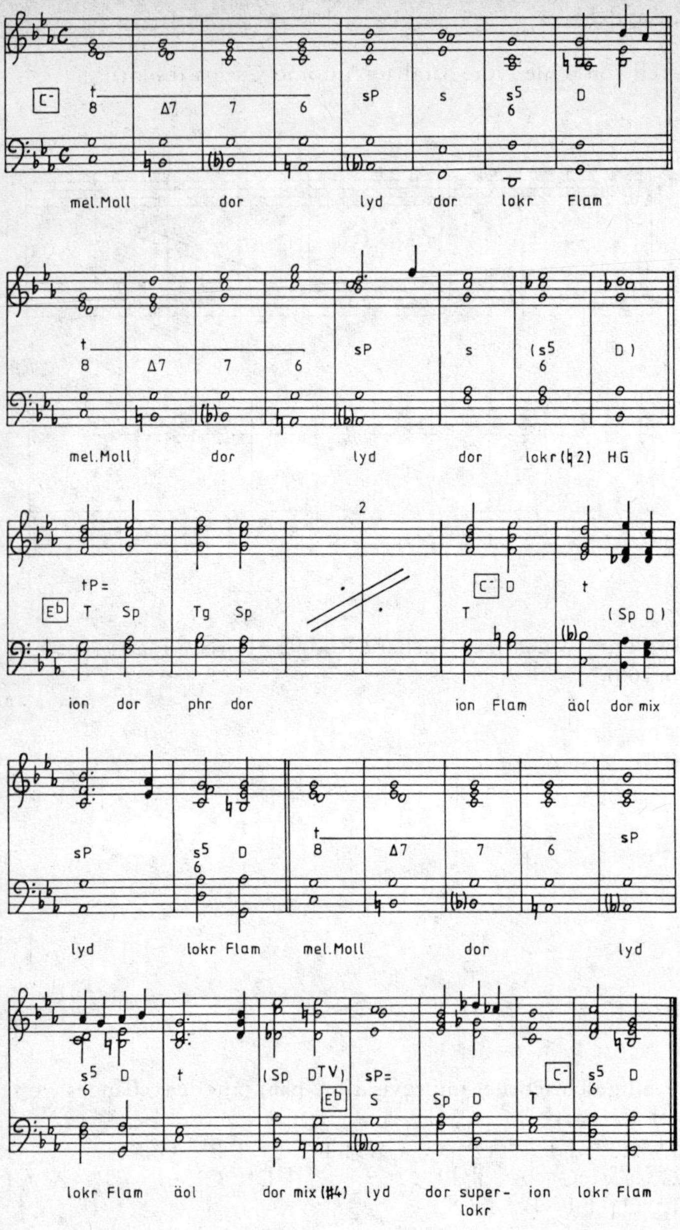
C⁻
t 8 Δ7 7 6 sP s s5 6 D
mel.Moll dor lyd dor lokr Flam
t 8 Δ7 7 6 sP s (s5 6 D)
mel.Moll dor lyd dor lokr(♮2) HG
2
tP=
E♭ T Sp Tg Sp
C⁻ D
T
t
(Sp D)
ion dor phr dor ion Flam äol dor mix
sP s5 6 D t 8 Δ7 7 6 sP
lyd lokr Flam mel.Moll dor lyd
s5 6 D t (Sp DTV) sP=
E♭ S Sp D
C⁻ T s5 6 D
lokr Flam äol dor mix (♯4) lyd dor super-lokr ion lokr Flam

Schallplattenverzeichnis

Die erwähnten Platten geben keinen vollständigen Überblick über die Jazzgeschichte; solche Listen kann man in jazzhistorischer Literatur finden, wie z.B. dem ›Jazzbuch‹ von Joachim Ernst Berendt.

Die Liste (in der Reihenfolge der Erwähnung im Text) enthält in erster Linie Platten, auf denen im Text erwähnte Stücke eingespielt sind. Hilfreich bei der Suche nach Jazzplatten ist der jährlich neu erscheinende ›Bielefelder Katalog Jazz‹, der auch ein Titelverzeichnis enthält.

Die beste mir bekannte komprimierte jazzgeschichtliche Plattensammlung ist die ›Smithsonian Collection of Jazz‹, die aus sechs Langspielplatten und einem sehr guten Begleitheft besteht. Man kann sie für $ 24.50 bestellen bei

Smithsonian Institution
P. O. Box 1641
Washington, D. C. 20013
U.S.A.

Außer Platten zum Anhören gibt es auch solche zum Mitspielen: auf diesen Platten spielt eine Rhythmusgruppe (meist Klavier, Baß, Schlagzeug) die Begleitung, und man kann selbst dazu improvisieren. Am besten ist hier die zur Zeit 38 Bände umfassende, ständig fortgesetzte Serie ›Ein neuer Weg zur Jazz-Improvisation‹ von Jamey Aebersold. Das mit den Platten mitgelieferte Notenmaterial ist die zur Zeit verläßlichste Sammlung von Jazzthemen. Wo möglich, ist in der Liste die Aebersoldplatte angegeben, auf der der betreffende Titel gefunden werden kann.

Titel	Album	AEBERSOLD
›Joy Spring‹	›Clifford Brown and Max Roach‹ (Mercury 6336322)	vol. 16
›Moanin'‹	Art Blakey and the Jazz Messengers: ›Moanin'‹ (Blue Note BNJ 71011)	–
›When Lights Are Low‹	Miles Davis: ›Cooking with the Miles Davis Quintet‹ (Original Jazz Classics OJC-128)	–
›Hellhound On My Trail‹	Smithsonian Collection Jazz	

Titel	Album	AEBERSOLD
›Blues‹	Cannonball Adderley: ›Country Preacher‹ (Capitol 1C 062-80411)	vol. 2
›Take the »A«-Train‹	›This Is Duke Ellington‹ (RCA 26.28036)	vol. 12
›Satin Doll‹	Wes Montgomery: ›A Dynamic New Jazz Sound‹ (Original Jazz Classics OJC-034)	vol. 12
›Someday My Prince Will Come‹	Bill Evans: ›Spring Leaves‹ (Milestone M 47034 IMS)	–
›I Remember You‹	Charlie Parker: ›The Verve Years (1952–1954)‹ (Verve 2-2523 IMS)	vol. 22
›I Got Rhythm‹	Ben Webster/Don Byas: ›The Two Kings of Tenor Sax‹ (Commodore 6.24058AG)	–
›Oleo‹	Michel Petrucciani: ›Live at the Village Vanguard‹ (Concord 3006)	vol. 8
›Anthropology‹ (= ›Thriving on a Riff‹)	Charlie Parker: ›The Savoy Sessions‹ (Savoy SJL 2201)	vol. 6
›On the Sunny Side of the Street‹	Louis Armstrong: ›Masters of Jazz Vol. 1‹ (RCA CL 42327 DP)	–
›Easy Living‹	Cannonball Adderley: ›Them Dirty Blues‹ (Landmark LLP 1301 IMS)	vol. 22
›Mr. P. C.‹	John Coltrane: ›The Paris Concert‹ (Pablo Live 2308217)	vol. 27
›Israel‹	Miles Davis: ›Birth of the Cool‹ (Capitol DT 1974)	–
›Autumn Leaves‹	Bill Evans: ›Spring Leaves‹ (Milestone M 47034 IMS)	vol. 20
›Beautiful Love‹	Bill Evans: ›Spring Leaves‹ (Milestone M 47034 IMS)	–
›Lullaby of Birdland‹	›Ella & Duke at the Cote d'Azur‹ (Verve 2V6 4072 IMS)	–

Titel	Album	AEBERSOLD
›Elm‹	Richie Beirach/Dave Liebman: ›The Duo Live‹ (advance music 86101)	–
›Speak No Evil‹	Wayne Shorter: ›Speak No Evil‹ (Blue Note 84194)	vol. 33
›One Note Samba‹	Charlie Byrd: ›Latin Bird‹ (Milestone M 47005 IMS)	vol. 31
›My Funny Valentine‹	Miles Davis: ›My Funny Valentine‹ (CBS 85558)	vol. 25
›Hot House‹	The Quintet: ›Jazz at Massey Hall‹ (Original Jazz Classics OJC-044)	vol. 15
›What Is This Thing Called Love‹	Cannonball Adderley: ›What Is This Thing Called Soul‹ (Pablo Live 2308238)	vol. 15
›My Ideal‹	John Coltrane: ›The Stardust Session‹ (Prestige P 24056 IMS)	vol. 22
›Tune Up‹	Miles Davis: ›Cookin' with the Miles Davis Quintet‹ (Original Jazz Classics OJC-128)	–
›Airegin‹	Miles Davis: ›Cookin' with the Miles Davis Quintet‹ (Original Jazz Classics OJC-128)	vol. 8
›Moment's Notice‹	John Coltrane: ›Blue Train‹ (Blue Note BLP 1577)	vol. 38
›Wood'n You‹	›Dizzy Gillespie vol. 1/2‹ (RCA PM 42408)	–
›Giant Steps‹	John Coltrane: ›Giant Steps‹ (Atlantic SD 1311)	vol. 28
›Countdown‹	John Coltrane: ›Giant Steps‹ (Atlantic SD 1311)	vol. 28
›Black Narcissus‹	Joe Henderson: ›Foresight‹ (Milestone M 47058 IMS)	–

Titel	Album	AEBERSOLD
›Maiden Voyage‹	Herbie Hancock: ›Maiden Voyage‹ (Blue Note 84195)	vol. 11
›Spring Is Here‹	Richie Beirach: ›Elegy for Bill Evans‹ (Palo Alto PA 8065)	vol. 34
›Night and Day‹	Billy Holiday: ›Rare and Unissued Recordings from the Golden Years, Vol. 1‹ (Queen-Disc 064)	–
›On Green Dolphin Street‹	Miles Davis: ›Live in Stockholm‹ (Dragon DRLP 90/91 IMS)	vol. 34
›Resolution‹	Mahavishnu Orchestra: ›Birds of Fire‹ (CBS 65321)	–
›Body and Soul‹	›The Indispensable Coleman Hawkins 1927–1956: Body and Soul‹ (RCA NL 98277 TIS)	vol. 15
›Con Alma‹	Stan Getz: ›The Chick-Corea-Bill-Evans Sessions‹ (Verve 2-2510 IMS)	–
›Stella by Starlight‹	Keith Jarrett: ›Standards Live‹ (ECM 1317)	vol. 15, vol. 22
›Time Remembered‹	Bill Evans: ›The Interplay Sessions‹ (Milestone M 47066 IMS)	–
›Stray‹	›Abercrombie Quartet‹ (ECM 1164)	–
›Flamenco Sketches‹	Miles Davis: ›Kind of Blue‹ (CBS 32109)	–
›So What‹	Miles Davis: ›At Plugged Nickel, Chicago‹ (CBS-Sony 25AP 1)	vol. 28 (als ›Impressions‹)
›A Love Supreme‹	John Coltrane: ›A Love Supreme‹ (Impulse A-77)	vol. 28
›Now Hear This‹	Hal Galper: ›Speak With a Single Voice‹ (Enja 4006)	–
›La Fiesta‹	Chick Corea: ›Return to Forever‹ (ECM 1022)	–

Titel	Album	AEBERSOLD
›Birdland‹	Weather Report: ›8 : 30‹ (CBS 88455)	–
›October 10th‹	Dave Liebman/Richie Beirach: ›Forgotten Fantasies‹ (A&M SP 709)	–
›Paoli's Vision‹	Dave Liebman: ›What It Is‹ (Columbia JC 36581)	–
›The Girl from Ipanema‹	›Getz/Gilberto‹ (Verve 2304071 IMS)	vol. 31

Literaturverzeichnis

(Bezugsquelle: advance music, Veronika Gruber GmbH, Maieräckerstraße 18, 7407 Rottenburg a. N.)

Busch, Sigi, Jazz & Pop Musiklehre, Rottenburg a. N. 1983.
Dobbins, Bill, The Contemporary Jazz Pianist, Bd. 1–3, New York 1984.
Grove, Dick, Encyclopedia of Jazz. Improvisation, Bd. 1–3, Los Angeles 1975.
Haerle, Dan, Jazz-Rock Voicings, deutsche Ausg. Rottenburg a. N. 1984.
Liebman, Dave, Lookout Farm, Hollywood 1978.
Maler, Wilhelm, Beitrag zur durmolltonalen Harmonielehre, München 1971, neubearb. Aufl. Bd. I München ^{13}/1984 und Bd. II ^{7}/1984.
de la Motte, Diether, Harmonielehre, Kassel und München 1976, ^{5}/1985.
Roidinger, Adelhard, Jazz Improvisation & Pentatonic, Rottenburg a. N. 1984.
Russell, George, The Lydian Chromatic Concept of Tonal Organization, New York 1959.

1. Anglo-amerikanische Bezeichnung der Tonnamen

2. Bezeichnung der Dreiklänge

(In der ersten Zeile stehen die in diesem Buch verwendeten; darunter alternative Bezeichnungen.)

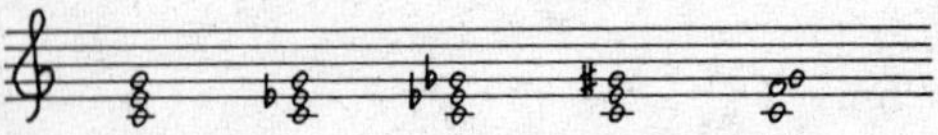

3. Bezeichnung der Vierklänge

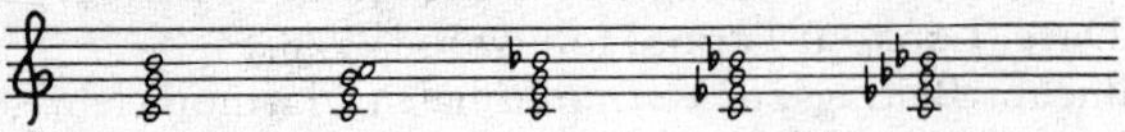

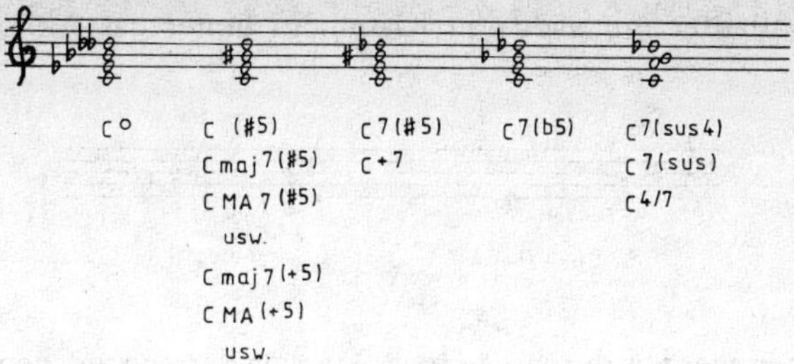

Bemerkungen

Die englischen Wörter »major« und »minor« bezeichnen sowohl die Größe von Intervallen (z.B. »major seventh« = »große Sept«, »minor seventh« = »kleine Sept«) als auch das Tongeschlecht (»major« = »Dur«, »minor« = »Moll«). In der Akkordbezeichnung $C^{min(maj7)}$ kommen beide Bedeutungsebenen vor: c-moll mit großer Sept.

Der verminderte Septakkord C° wird manchmal mit »C^{o7}« bezeichnet. Dies kann leicht zu Mißverständnissen führen, da die Ziffer »7« generell die kleine Sept bezeichnet, der verminderte Septakkord aber die verminderte Sept enthält.

4. Bezeichnung von Fünf- und Mehrklängen; Alteration

Hinzuzufügende Intervalle werden durch entsprechende Ziffern bezeichnet. Während »7« stets die kleine Sept meint (und wir die große durch ein Dreieck bezeichnen), bedeuten a l l e anderen Ziffern immer das reine oder große Intervall. Oder anders ausgedrückt: Die Ziffern bezeichnen die Stufen der mixolydischen Skala. Dies ist ein wichtiger Unterschied z.B. zur Generalbaßschrift, in der die Ziffern immer das diatonische Intervall in der jeweiligen Tonart bezeichnen.

Werden hohe Akkorderweiterungen wie 9, 11, 13 angegeben, so sollen die darunterliegenden Terzen mitgespielt werden, und zwar mit kleiner Sept. So bedeuten z.B.

$C^9 = C^{7/9}$, $C^{-11} = C^{-7/9/11}$, aber (Ausnahme!) $C^{13} = C^{7/9/13}$.

Soll die große Sept gespielt werden, verwenden wir das Dreieck, also z.B.:

$C^{\triangle 9} = C^{maj7/9}$, $C^{\triangle(\#11)} = C^{maj7(9/\#11)}$.

Wenn wir einen einzelnen Ton zu einem Akkord hinzufügen wollen, ohne daß die darunterliegenden Terzen mitgespielt werden, schreiben wir die Intervallziffer mit »add« in Klammern hinter das Akkordsymbol. Beispiele:

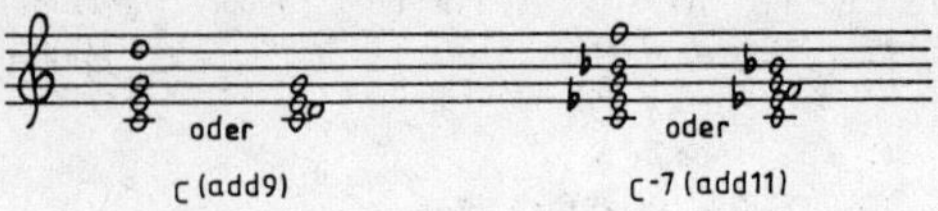

Alterationen werden durch »#« bzw. »♭« vor der entsprechenden Intervallziffer bezeichnet und in eine Klammer geschrieben. Beispiele:

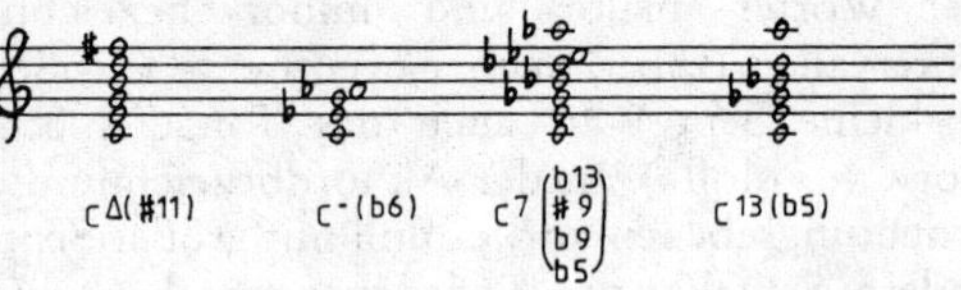

Beachte: Die (reine) Vorhaltsquart sus 4 steht anstelle der Terz, die übermäßige Quarte #4 dagegen anstelle der Quinte, die übermäßige Undezime #11 über der Quinte.

Namenregister

Titelregister

Sachregister

Musik verstehen

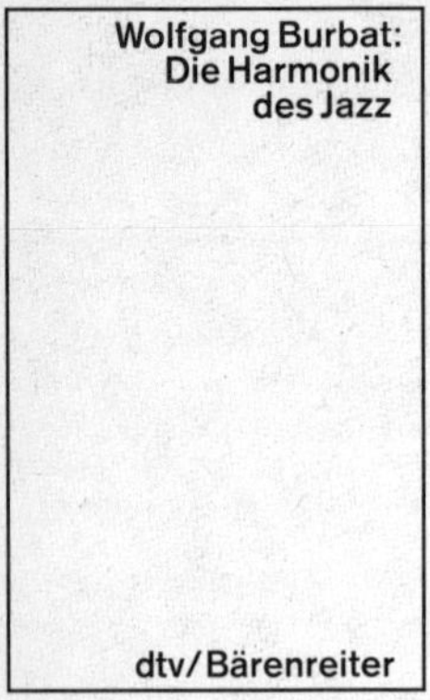

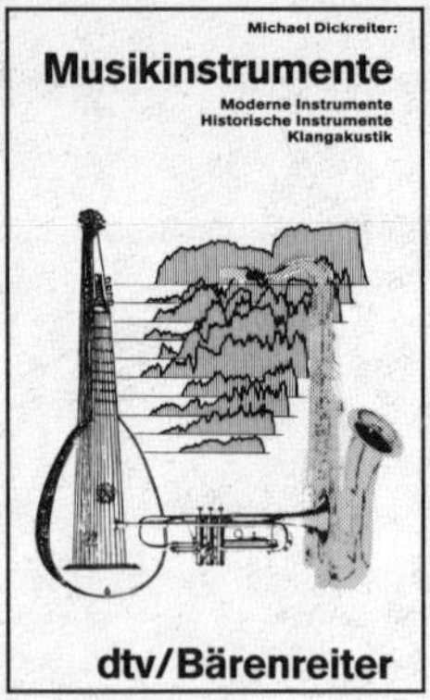

Wolfgang Burbat:
Die Harmonik des Jazz
dtv 4472
BVK 855

Clemens Kühn:
Formenlehre der Musik
dtv 4460
BVK 4460

Clemens Kühn:
Gehörbildung im Selbststudium
dtv 10073
BVK 760

Michael Dickreiter:
Musikinstrumente
Moderne Instrumente, historische Instrumente, Klangakustik
dtv 3287
BVK 3287

Diether de la Motte:
Harmonielehre
dtv 4183
BVK 4183

Diether de la Motte:
Kontrapunkt
Ein Lese- und Arbeitsbuch
dtv 4371
BVK 4371

Musik – gedeutet und gewertet
Dokumente zur Rezeptionsgeschichte von Musik
dtv 2937
BVK 2937

Musik – zur Sprache gebracht
Musikästhetische Texte aus drei Jahrhunderten
dtv 4421
BVK 4421

Musik im Taschenbuch

Biographisches

Bach · Mozart · Schubert · Schütz · Robert Schumann · Clara Schumann · Wagner

Werkbeschreibungen

Bach-Kantaten · h-moll-Messe · Johannes-Passion · Weihnachts-Oratorium · Wohltemperiertes Klavier · Aribert Reimann's »Lear« · Schubert-Lieder · Schumann-Lieder

Handbücher

dtv-Atlas zur Musik · Geschichte der Musik · Musikinstrumente · Oper · Schubert-Werkverzeichnis

edition MGG

Einzeldarstellungen aus der Enzyklopädie »Die Musik in Geschichte und Gegenwart«: Musikgeschichte · Musikalische Gattungen · Musikinstrumente

Musiktheorie Musikwissenschaft

Kontrapunkt · Harmonielehre · Formenlehre · Gehörbildung · Stimmbildung · Stilkunde · Musikästhetische Texte · Musikgeschichte · Musiksoziologie · Musiktherapie · Musikrezeption

Essay

Nikolaus Harnoncourt · Hans Werner Henze

Lieder und Texte

Deutsche Liedertexte · Weihnachtslieder · Mozart zweisprachig · Wagner-Dramen · Biermann · Brauer · Heller · Kreusch-Jacob · Cowboylieder

Pop-Musik

Beatles-Repertoire · The Who-Texte

Memoiren

Yehudi Menuhin · Die Menuhins · Gerald Moore · Gregor Piatigorsky · Hermann Prey

Cartoons

Gerard Hoffnung

Quartettspiele

Kennst du diese Komponisten? · Kennst du diese Opern?

Bärenreiter Studien- und Taschenpartituren

Bach · Beethoven · Händel · Haydn · Mozart

dtv